TITAN+

Maïna tome 2
AU PAYS DE NATAK

De la même auteure

Pour les jeunes

LA BIBLIOTHÈQUE DES ENFANTS,
Des trésors pour les 0 à 9 ans
Montréal, Éditions Québec Amérique, 1995.

DU PETIT POUCET AU DERNIER DES RAISINS
Montréal, Éditions Québec Amérique, 1994.

VALENTINE PICOTÉE
Montréal, Éditions Québec Amérique, 1998.

TOTO LA BRUTE
Montréal, Éditions Québec Amérique, 1998.

MARIE LA CHIPIE
Montréal, Éditions Québec Amérique, 1997.

ROMÉO LEBEAU
Montréal, Éditions Québec Amérique, 1999.

LÉON MAIGRICHON
Montréal, Éditions Québec Amérique, 2000.

LA NOUVELLE MAÎTRESSE
Montréal, Éditions Québec Amérique, 1994.

LA MYSTÉRIEUSE BIBLIOTHÉCAIRE
Montréal, Éditions Québec Amérique, 1997.

UNE BIEN CURIEUSE FACTRICE
Montréal, Éditions Québec Amérique, 1999.

UN HIVER DE TOURMENTE
Montréal, Éditions Québec Amérique, 1998.

LES GRANDS SAPINS NE MEURENT PAS
Montréal, Éditions Québec Amérique, 1993.

ILS DANSENT DANS LA TEMPÊTE
Montréal, Éditions Québec Amérique, 1994.

MAÏNA – TOME I, L'APPEL DES LOUPS
Montréal, Éditions Québec Amérique, 1997.

MAÏNA – TOME II, AU PAYS DE NATAK
Montréal, Éditions Québec Amérique, 1997.

Pour les adultes

MAÏNA
Éditions Québec Amérique, 1997.

MARIE-TEMPÊTE
Éditions Québec Amérique, 1997.

LE PARI
Éditions Québec Amérique, 1999.

Dominique Demers

Maïna tome 2

AU PAYS DE NATAK

QUÉBEC AMÉRIQUE JEUNESSE

329, RUE DE LA COMMUNE O., 3[E] ÉTAGE, MONTRÉAL (QUÉBEC) H2Y 2E1 (514) 499-3000

Données de catalogage avant publication (Canada)

Demers, Dominique

Maïna
(Collection Titan +)
Sommaire : t. 1. L'Appel des loups - t. 2. Au pays de Natak.

ISBN 2-89037-814-4 (v.1) - ISBN 2-89037-815-2 (v. 2)
I. Titre. II. Collection.

PS8557.E4683M34 1997 C843'.54 C97-940110-0
PS9557.E4683M34 1997
PQ3919.2.D45M34 1997

Les Éditions Québec Amérique bénéficient du programme de subvention globale du Conseil des Arts du Canada.

Le Conseil des Arts du Canada | The Canada Council for the Arts

Diffusion :
Prologue inc.
1650, boul. Lionel-Bertrand
Boisbriand (Québec) J7H 1N7
Canada
Téléphone : 1-800-363-2864
Télécopieur : 1-800-361-8088
prologue@prologue.ca

Dépôt légal : 1er trimestre 1997
Bibliothèque nationale du Québec
Bibliothèque nationale du Canada

Révision linguistique: Diane Martin
Mise en pages: Julie Dubuc
Troisième réimpression : juin 2001

À mon fils Simon

Aness

(Ernest Dominique)

Artiste peintre

Ernest Dominique est né de parents montagnais à Schefferville, au sein de la communauté de Matimekosh. Comme tous les jeunes montagnais de sa communauté, il a fait ses études secondaires à Schefferville. Dès 1978, il a senti le besoin d'exprimer ses valeurs et de mieux faire connaître la culture de sa nation. Depuis, ses œuvres ont toujours provoqué une réflexion chez les amateurs. L'environnement, les modes de vie traditionnels, l'adaptation à la modernité et les problèmes sociaux inhérents à sa culture sont omniprésents dans les œuvres de cet artiste.

Remerciements

J'aimerais exprimer toute ma reconnaissance :

à mon père, Harold Demers, qui a contribué de façon importante à mes recherches et m'a aussi accompagnée à l'étape d'écriture ;

à Daniel Chevrier, président de Archéotec inc., pour ses précieux conseils scientifiques et sa grande générosité ;

à André Croteau, Nathalie Mongeau, Gaston Boisvert, Johanne Guibert, Jean Stéphan Groulx, Jacques Pasquet, Jill Brook et Gordon Cockbaine, qui ont accepté de partager avec moi leurs connaissances du Grand Nord.

Merci aux amis qui ont eu la tâche ingrate de lire les premiers jets de ce roman : Micheline Demers, Diane Desruisseaux, Karine Desruisseaux, Johanne Beaulieu, François Gravel, Yolande Lavigueur, Myriam Tremblay, Julie Poulin, Diane Gravel, Evelyn Mailhot, Michèle Boudrias, Pauline Morel et les élèves de l'école Saint-Edmond.

D'autres m'ont lue et encouragée par la suite, je les en remercie.

Mes remerciements vont aussi :

aux miens, Michel, Simon, Alexis et Marie, qui m'ont laissée voyager jusqu'au pays de Maïna,

à l'équipe de Québec/Amérique, qui a toujours cru en ce roman,

et au Conseil des arts et des lettres du Québec, dont la bourse de création m'a permis de me consacrer uniquement à ce projet pendant plusieurs mois.

Sans tous ces appuis, Maïna n'aurait sans doute jamais vu le jour.

Avant-propos

À toutes les Marie-Ève, Stéphanie, Nathalie, Sarah, Maude...

À tous les Guillaume, Étienne, Marc-Antoine, Frédéric, Jean-Philippe...

À tous les jeunes qui aiment la lecture, les découvertes, l'amour, l'aventure...

J'ai écrit ce roman pour vous.

Maïna n'est pas si différente de ma dernière héroïne, Marie-Lune *(Un hiver de tourmente, Les grands sapins ne meurent pas, Ils dansent dans la tempête).* Comme Marie-Lune, Maïna est passionnée, elle n'a pas froid aux yeux et refuse que d'autres décident pour elle. Elle est aussi profondément amoureuse et ce qui lui arrive est exceptionnel.

Mais, contrairement à Marie-Lune, Maïna a vécu il y a 3 500 ans. Je l'ai rencontrée pour la première fois il y a quelques années, au hasard d'une rêverie. À ce moment, je ne savais rien d'elle, je ne connaissais même pas son nom. J'ai simplement vu une adolescente, vêtue d'une tunique de peau, courant sur un cap très élevé qui surplombait un fleuve ou peut-être la mer. Une émotion très intense l'animait, mais je n'avais pas la moindre idée de ce qui la faisait courir.

J'ai mis plus d'un an à découvrir qui elle était et pourquoi elle courait. Au cours de cette enquête, j'ai consulté près d'une centaine de documents sur l'archéologie, l'anthropologie, la préhistoire, les mœurs, les coutumes et les croyances des Amérindiens et des Inuits et une foule d'autres sujets qui au départ m'apparaissaient terriblement ennuyeux. Souvent, surtout au début, j'ai eu l'impression d'être devenue complètement maboule. Je me demandais dans quelle étrange galère je m'étais embarquée et tous mes amis étaient du même avis.

Mais, peu à peu, j'ai découvert un monde fabuleux, fascinant, et j'ai terminé mon enquête totalement séduite par l'univers de Maïna et de Natak. Même que (et tant pis si ça peut paraître idiot) je suis, aujourd'hui encore, au moment où j'écris ces mots, terriblement amoureuse d'un homme qui s'appelle Natak.

Lac Supérieur, juillet 1996

Pour mieux comprendre...

La tribu amérindienne décrite dans ce roman a vécu il y a 3 500 ans, non loin de la région actuelle de Sept-Iles, au bord du fleuve Saint-Laurent. Elle est issue d'un peuple préhistorique de chasseurs-cueilleurs qui parcourait la forêt boréale dans des conditions extrêmement difficiles, du moins à nos yeux. Ces chasseurs ne possédaient que des peaux, des os, du bois, de l'écorce et des pierres pour survivre aux quatre saisons. Leur existence était régie par un ensemble complexe de rites et de croyances exprimant leur crainte et leur respect devant les grandes forces de la nature.

La tribu inuit de ce roman était établie sur la rive ouest de la baie d'Ungava. Ces paléoesquimaux n'avaient pas encore développé les techniques de construction de l'igloo et ils n'avaient pas encore inventé la lampe de pierre qui permit à leurs descendants de moins souffrir du froid et de faire cuire leurs aliments beaucoup plus facilement. La « baie des pierres de lune » que les gens du pays de Natak ont déjà fréquentée est désignée sur nos cartes sous le nom de « baie de Ramah », tout près des limites septentrionales de la côte du Labrador. C'est là la seule source connue d'une pierre qui fut très recherchée à cette époque.

C'est il y a 3 500 ans environ qu'eurent lieu les premiers contacts entre Amérindiens et Inuits. Les ancêtres de ces Amérindiens avaient franchi l'Amérique du Nord par le détroit de Béring il y a quelque 15 000 ans. Ceux des Inuits avaient emprunté une route semblable mais lors d'une migration plus récente, il y a seulement 4 000 ans. Les outils, les moeurs et les coutumes de ces deux peuples étaient donc différents. Leur rencontre fut le théâtre d'un grand choc culturel qui engendra de nombreux et fructueux échanges technologiques mais qui parfois aussi mena au racisme et à la violence. De tout temps, semble-t-il, les êtres humains ont craint la différence et se sont méfiés de l'Autre.

«On dit qu'en ce temps-là la neige pouvait brûler et que le feu tombait parfois du ciel. On dit aussi qu'au commencement les gens ne savaient pas mourir.»

Wally Herbert,
Les Esquimaux

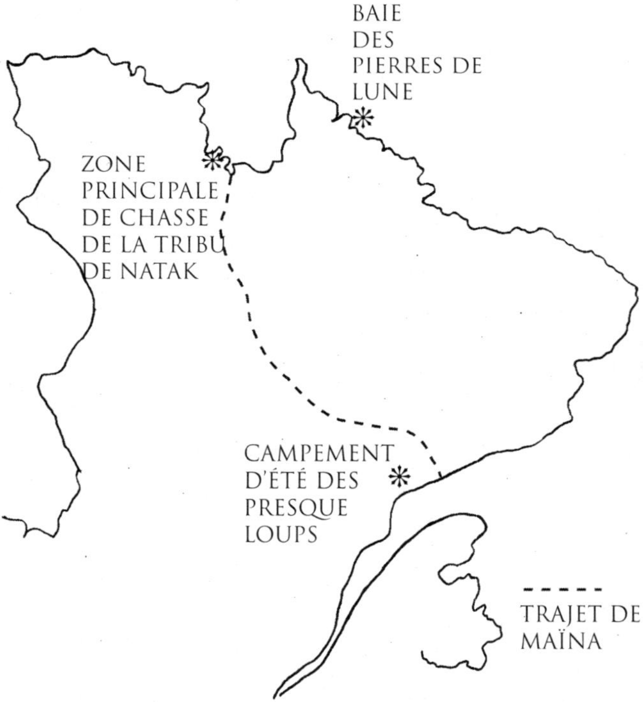
BAIE
DES
PIERRES DE
LUNE
ZONE
PRINCIPALE
DE CHASSE
DE LA TRIBU
DE NATAK
CAMPEMENT
D'ÉTÉ DES
PRESQUE
LOUPS
TRAJET DE
MAÏNA

Un

Sans la lune, Natak aurait été perdu. Qu'aurait-il fait de l'étrange petite femme s'il n'avait pu deviner sa route dans la nuit boréale? Elle semblait prête à quitter ce monde mais lui, Natak, ne la laisserait pas fuir.

Elle n'était pas plus lourde qu'un jeune phoque. Il aurait pu l'enrouler dans sa peau d'ours et la traîner dans la neige comme on fait avec les animaux tués ou les hommes blessés. Mais Natak avait préféré la charger sur son dos. Il avait besoin de sentir sa présence et, encore, il s'arrêtait souvent pour s'assurer qu'elle respirait toujours.

Le soleil d'hiver s'était péniblement hissé à mi-hauteur dans un ciel limpide lorsqu'il retrouva enfin, après une longue et pénible marche, l'abri et les quelques possessions qu'il avait abandonnés la veille. La neige avait envahi sa pauvre tente; aussi Natak dut-il se résoudre à déposer son précieux chargement pour balayer prestement la neige, solidifier d'une main experte les pieux, réajuster les peaux de phoque, secouer vigoureusement la peau d'ours, piétiner le sol et, enfin, étendre la belle fourrure blanche prête à recevoir celle qui avait si longtemps hanté ses rêves.

Natak n'avait pourtant jamais vu son visage et il n'aurait su reconnaître sa silhouette puisque les images de ses songes étaient aussi vagues qu'obsédantes, vaporeuses et fuyantes. Son rêve était de même nature que les poussières d'aurore, les lumières du nord, l'embrouillement du soleil juste avant les tempêtes. Et pourtant, lorsqu'il avait aperçu l'étrangère endormie dans la neige, un grand bonheur s'était emparé de lui. Il avait su, immédiatement et hors de tout doute, qu'elle était cette créature qu'il cherchait.

Maïna naviguait entre deux mondes. Ce visage penché sur elle appartenait-il à Manutabi, son amoureux, ou à l'un de ces redoutables mangeurs d'hommes dont Tekahera avait si souvent parlé? Dormait-elle dans un paradis giboyeux ou était-elle encore prisonnière de la taïga gelée? Il faisait froid, si froid, tout son corps en était torturé. N'avait-elle pas suffisamment enduré? Elle n'avait plus la force de guider ses pensées, d'inventer dans sa tête des histoires procurant un semblant de chaleur, elle ne réussissait plus qu'à basculer dans des songes lourds où peu à peu les morsures du froid se dissipaient. Maïna décida de ne plus ouvrir les yeux.

Natak tenta de faire boire l'étrangère, il réchauffa même l'eau dans sa bouche avant de la couler dans la sienne, mais ses lèvres restaient scellées. Elle ne remuait plus, ses membres étaient glacés, et pourtant l'oiseau dans sa poitrine était vivant. En tâtant de ses doigts gourds sous la tunique, Natak percevait encore un faible battement.

Il quitta l'abri et revint les doigts bleuis, chargé de mousse et de maigres broussailles. Il posa son regard sur elle, s'assurant qu'elle était encore de ce monde, prit ses pierres à feu, frotta habilement, fit jaillir un trait d'étincelles et l'alimenta lentement, précautionneusement. Des flammes naquirent. Natak soupira.

Il entreprit alors de dévêtir l'étrangère et découvrit la fourrure du loup sous la tunique de phoque trop grande pour elle. À la lueur des flammes, sa peau avait le reflet doré des feuilles de saule juste avant l'hiver. Natak sentit ses entrailles se nouer en découvrant la poitrine fragile et les battements d'aile dessous. Ses hanches étaient gracieuses et délicates, son ventre creux mais tendre et duveteux. La fourrure de son sexe était sombre et magnifique, douloureusement invitante, les muscles de ses cuisses minces et fermes, longs et souples. Natak frotta vigoureusement chacun de ses membres de ses doigts meurtris en surveillant les paupières tristement closes, les ailes du nez à peine frémissantes. Il avait réussi à embraser le feu de broussailles, mais parviendrait-il à rallumer ce corps presque sans vie?

Le temps sembla s'arrêter, suspendu dans un terrible vide. Natak songea que l'âme de l'étrangère tentait peut-être de se libérer de ce corps transi. Une colère sourde éclata en lui. Le ciel de Natak s'assombrit et une volonté inflexible, orageuse, s'empara de tout son être. Jamais il ne la laisserait partir. Elle était sa chose, sa proie. Natak, fils de Tadlo, avait arraché à la mer de gigantesques prises et plongé son regard dans celui de l'ours sans trembler. Des morses avaient crevé la glace de leurs redoutables défenses presque sous ses pieds. Comment donc une femme pouvait-elle échapper à sa volonté ? Il eut soudain envie de la battre mais, en contemplant le corps nu que ses mains frictionnaient rageusement, il fut ému et ses rêves accoururent, plus envoûtants encore.

Natak jeta une poignée de petites branches dans le feu. Il se dévêtit en hâte et s'allongea sur le corps inerte en suppliant Sedna, la maîtresse des mers, de l'aider à communiquer un peu de sa chaleur à la femme qu'il avait choisie. Puis il ramena les vêtements épars sur son corps nu et s'endormit.

Le feu allait mourir lorsqu'il s'éveilla. Mais ce n'était pas le froid qui l'avait tiré de ses songes. L'étrangère avait remué. Natak se redressa. Elle le regardait. Dans ses yeux grand ouverts se fondaient toutes les couleurs de la toundra. Des paillettes d'ocre, des pierres noires, de la terre et du bistre.

— Elle est vivante.

Natak répéta plusieurs fois ces paroles. Le visage de la femme s'illumina d'un faible sourire, elle battit doucement des paupières puis prononça d'un ton mélodieux, extraordinairement tendre, un mot inconnu qui écorcha Natak.

— Manutabi.

Natak ressentit une douleur aigüe, comme un coup de lance. Il sentait confusément que ce mot dissimulait un monde mystérieux auquel appartenait l'étrangère. Il craignit soudain de n'avoir rien conquis. D'avoir simplement recueilli un animal abandonné ou perdu. Peut-être même qu'un autre homme, avant lui, avait harponné cette femme. Qu'un autre homme la possédait, l'habitait. Si elle s'accrochait à la vie, ce serait donc pour lui.

Il la rhabilla et se vêtit aussi. Elle s'était déjà rendormie, mais tout son être frémissait désormais. Il avait réussi à éloigner la mort.

Natak sortit pour récolter davantage de mousse et de bois. Il marcha plus loin encore que nécessaire. Le vent sifflait entre les épinettes chétives. Là d'où venait Natak, rien n'arrêtait le vent. Il soulevait des gerbes et des gerbes de neige, faisait monter la mer et rouler les pierres. Là d'où venait Natak, il n'y avait plus de frontières, tout était démesuré, tout était immense, comme les rêves qu'il portait.

Deux

Au bout de quelques jours, ils avaient repris la route. Maïna avait refusé qu'il la charge sur son dos. Natak approuvait secrètement cette marque de courage, mais il déplorait que la petite femme ressemble tant au peuple qui avait combattu les siens, loin, par-delà les montagnes, dans la baie des pierres de lune.

Il l'avait longtemps veillée. Elle avait bu, goutte à goutte, l'eau qu'il réchauffait dans sa bouche avant de la couler lentement dans la sienne. Elle n'avait pas réussi à avaler le phoque cru, cette viande pourtant si riche qu'il mâchait longuement pour elle comme font les femmes avec leurs petits, mais son estomac acceptait la viande de caribou grillée sur les braises.

Après plusieurs jours de grands vents au cours desquels leur progression fut très lente, Natak retrouva la cache de caribou. Il loua les esprits de l'avoir incité à constituer ces réserves alors même qu'il n'avait pas encore trouvé l'étrangère et préleva suffisamment de viande pour que Maïna s'alimente pendant la durée du voyage.

Une nuit, pendant que Maïna dormait, il répara ses bottes avec un morceau de fourrure du caribou. Même à l'abri des regards, Natak avait honte de s'adonner à des travaux de femme, et pour une femme en plus. Mais leur périple épuisait Maïna et il ne voulait pas la perdre. Sans doute ne lui appartenait-elle pas, mais il la désirait quand même.

Maïna n'avait presque plus peur de l'étranger dans les traces duquel elle posait ses pieds. « Natak ». Il avait voulu qu'elle sache son nom. Elle lui avait révélé le sien. Il parlait une langue mystérieuse et venait du pays des glaces, elle en était sûre. Les siens dévoraient peut-être leurs semblables mais lui, Natak, était prévenant et bon. Il avait eu tant d'occasions de la tuer. Au lieu, il l'avait désaltérée, nourrie, réchauffée. Il lui prêtait ses fourrures et travaillait dur pour construire de pauvres feux, car il n'y avait parfois que des arbustes à faire brûler.

Le jour, Maïna parvenait à marcher, la tête presque vide, tout à ses efforts, et le soir elle sombrait dans un sommeil de pierre. Ainsi parvenait-elle à ne pas trop réfléchir. Mais parfois, lorsque Natak se tournait vers elle pour s'assurer qu'elle avançait toujours, Maïna revoyait pendant un très bref instant le visage de Manutabi. Elle revivait cette scène déchirante alors que, dans son esprit embrouillé, elle avait imaginé son amoureux penché sur elle. Et puis soudain, la cruelle réalité avait refait surface, balayant d'un coup tous les rêves, tous les mirages, tous les espoirs, et le visage de Natak avait remplacé celui de Manutabi. En se rappelant cette première rencontre avec l'homme du pays des glaces, Maïna se souvenait aussi vaguement du corps nu de Natak allongé sur elle, mais elle n'éprouvait pas de colère ni de crainte et elle aurait juré que malgré sa faiblesse, malgré son immense vulnérabilité, Natak ne l'avait pas prise.

Il avait un visage de lune. Des yeux tristes et doux, extraordinairement sombres et joliment étirés, comme s'il était perpétuellement ébloui par un soleil trop fort. Il n'était pas très grand, mais son corps était robuste, massif, tout en nerfs et en muscles. Natak semblait animé d'une formidable volonté. Maïna savait qu'elle devait le suivre. Elle avait tenté quelques fois d'abandonner ce voyage qui l'éloignait encore davantage des siens. Natak l'avait alors chargée sur ses épaules et il avait foncé en suivant toujours l'étoile du Grand Caribou.

Sans doute l'emmenait-il vers son territoire de glace. Maïna aurait voulu lui parler des Presque Loups, de Manutabi, de Tekahera, de Saito. De son père aussi dont elle devinait la présence dans le parcours onduleux des lumières boréales. Natak aurait peut-être compris qu'elle ne devait plus suivre l'étoile du Grand Caribou. Si les esprits lui avaient permis de survivre, c'était pour rejoindre les siens. Maïna en était persuadée. Sa place était là, dans la forêt des Presque Loups, elle l'avait enfin compris. Mais elle ne connaissait pas la langue de Natak, son don de parole ne servait plus à rien. Natak avait plusieurs fois tenté, de sa voix chantante, de lui raconter des choses, en accompagnant ses paroles de gestes amples qui embrassaient tour à tour les étoiles, l'horizon, la rivière, les collines. Maïna avait découvert, ébahie, stupéfaite, qu'il existait plus d'un mot, plus d'un son, pour dire la forêt, le soleil et le vent.

Elle ne connaissait pas la langue de Natak, mais l'eût-elle connue que cela n'aurait sans doute rien changé. Maïna devinait qu'il ne l'aurait pas laissée partir. Elle avait troqué sa liberté contre la survie sans savoir quel sort lui réserverait l'homme des glaces. Serait-elle esclave ou simple prisonnière? La voulait-il pour femme ou serait-elle donnée à un autre? Maïna n'avait pas la force de se révolter. Natak l'avait arrachée à la mort et petit à petit, un peu malgré elle, Maïna s'accrochait à nouveau à la vie.

Un soir, à la faible lueur de leur feu, Maïna dénoua la pochette à son cou et elle effleura doucement, de ses doigts fins, les quelques amulettes qui la reliaient aux Presque Loups. Natak ne vit d'abord que la peau séchée du cordon ombilical, quelques plumes et des fragments d'os. Maïna remit lentement ces objets dans le petit sac de peau et caressa longuement une pierre d'apparence exquise. Des flammes en irisèrent les contours, révélant la belle surface translucide légèrement givrée et parcourue de volutes argentées.

Natak bondit et il lui arracha la pierre. Instinctivement, Maïna se jeta sur lui pour reprendre son bien, mais il la repoussa brutalement et sa tête heurta durement le sol. Il avait reconnu l'objet et compris que Maïna appartenait à ceux qui avaient tué tant des siens. Ceux-là même qui avaient torturé leur chaman et les avaient chassés de la source de ce roc précieux. Ils avaient dû renoncer à cette pierre rare, solide et pourtant facile à tailler, dont lui et les siens savaient tirer des pointes de lances et de flèches qui ne rataient presque jamais les cibles. On disait de ce roc qu'il contenait des fragments de lune, ce qui expliquait ses propriétés merveilleuses.

Maïna avait récupéré la pierre de Manutabi mais, depuis, Natak avait changé. Quelque chose en lui s'était refermé ou éteint. Maïna le remarqua et elle dut constater que les états d'âme de Natak ne lui étaient pas indifférents.

Les jours, de plus en plus courts, succédaient aux longues nuits. Le soleil ne grimpait jamais très haut et il fuyait vite. Maïna et Natak mangeaient toujours au moins un peu avant de dormir, mais Maïna restait faible et parfois l'épuisement faisait valser les rares arbres devant ses yeux. Natak semblait doté d'une force inépuisable. Il lui avait laissé les meilleures peaux et ne l'encombrait d'aucune charge. Tous les soirs, il fouillait les collines et les vallées en quête de branches d'arbres ou d'arbustes. Sans doute avait-il deviné que le feu, pour elle, était essentiel. Lui-même semblait pouvoir dormir n'importe où, comme les chiens, les loups et les caribous. Maïna s'était habituée à la chaleur de sa présence la nuit, et parfois elle songeait que cet homme étrange, issu d'un peuple redoutable, lui inspirait moins de craintes et de dégoût que Saito.

La nuit, Natak tremblait de désir. Il avait tellement envie de la prendre. Si elle n'avait pas si longtemps peuplé ses songes avant même qu'il ne la trouve, sans doute l'aurait-il déjà possédée. Mais Natak restait fidèle à de fabuleuses images, à des impressions magiques. Il n'avait pas envie qu'elle se débatte. Il redoutait qu'elle pose sur lui un regard d'épouvante comme si la mer, soudain, s'asséchait sous ses yeux. Il la voulait comme dans ses rêves, lumineuse et ardente, parfaitement consentante.

Les arbres rabougris devinrent encore plus clairsemés puis disparurent. Maïna et Natak avaient franchi les limites de la taïga. Derrière eux s'étendait la forêt boréale; devant, le désert glacé : la toundra. Maïna ne s'était jamais imaginé un pays sans arbres. Elle fut effrayée par ce vide immense et Natak remarqua l'affolement dans son beau regard qui semblait pourtant depuis toujours appartenir à la toundra. Ce soir-là, malgré l'épuisement, Maïna ne réussit pas à chasser le souvenir des siens. Tout son être courait vers la forêt des Presque Loups. Quant à Natak, il renouait enfin avec les paysages qu'il affectionnait, ce vaste pays faussement désert, si riche pour qui savait voir et entendre.

Pendant la nuit, Natak réfléchit longuement à l'accueil que les siens feraient à l'étrangère.

Il imagina les railleries, les insultes, les silences méprisants, et l'amertume monta en lui. Pourquoi ramenait-il cette créature impossible ? Combien de temps faudrait-il encore pour l'apprivoiser ? Réussirait-il seulement ? Le découragement guettait Natak lorsque soudain Maïna vint se blottir contre lui. Elle ne s'était pas réveillée, mais sa tête avait roulé sur la poitrine de Natak avant de se nicher au creux de son épaule. Natak inspira profondément comme pour forcer ce maigre bonheur à irriguer tout son corps. Il resta ensuite longuement immobile, soucieux de prolonger cet instant.

Maïna dormit longtemps, pelotonnée contre Natak. Elle s'éveilla au milieu de la nuit, surprise de découvrir le visage de l'étranger si près du sien, ses lèvres chaudes dans son cou. Elle se détacha lentement, comme à regret, et croisa son regard, terriblement grave mais infiniment doux. Maïna ne réussit plus à dormir. Peu avant que Natak se lève, annonçant ainsi qu'il fallait défaire la tente pour repartir, elle entendit, pour la première fois depuis très longtemps, des loups hurler à la lune.

Trois

Ce jour-là, Natak voulut qu'ils amorcent leur marche bien avant l'apparition du soleil et ils poursuivirent encore leur route longtemps après qu'il eut disparu. Déjà, alors que l'obscurité envahissait la toundra, Maïna avait senti l'étreinte sauvage du vent glacé. Elle était désormais trop lasse pour lutter contre le froid, mais l'orgueil des Presque Loups la força à avancer. Lorsqu'ils dressèrent enfin la tente, Maïna était si fourbue qu'elle s'endormit sans manger et Natak fut ému de la découvrir aussi têtue, capable de poursuivre sa route alors même que son corps était vide d'énergie. Le jour suivant, Maïna comprit la hâte de Natak. Là-bas, au loin, comme au centre de nulle part, se dressait le campement des siens.

Ils furent accueillis bruyamment. Hommes, femmes et enfants riaient en se bousculant. Ils étreignirent affectueusement Natak et quelques-uns inclurent Maïna dans leur joyeux tourbillon. Mais peu à peu, alors qu'ils découvraient mieux cette femme que Natak avait ramenée, les regards se chargèrent de mépris. Le visage de l'étrangère n'était pas marqué ; elle était frêle et visiblement épuisée, mais, surtout, elle ressemblait au peuple cruel qui les avait chassés de la baie des pierres de lune.

Natak remarqua vite l'absence de Tadlo. Son père épiait-il les phoques sur la banquise? Mais alors, pourquoi Aputik ne venait-elle pas saluer le retour de son fils? Natak se dirigea vers la tente familiale où Tadlo se découpait tranquillement un gros morceau de phoque cru à même une carcasse abandonnée au centre de l'abri. Sa femme mâchait une peau à ses côtés. Aputik se leva en apercevant Natak mais n'alla pas vers lui. Tadlo resta assis. Natak alla frotter son nez contre les joues de ses parents en répétant des paroles que Maïna n'avait jamais entendues.

Tadlo et Aputik dévisagèrent sévèrement l'étrangère, cette femme de la taïga dont le visage n'était pas tatoué. Maïna réussit à soutenir leur regard, refoulant l'inexplicable honte qui menaçait de l'abrutir. Aputik s'approcha de Maïna, empoigna une manche de sa tunique et la secoua furieusement.

— Patdloq! cracha-t-elle.

Natak acquiesça. La tunique appartenait effectivement à Patdloq, la femme de Merqusak, ceux-là même que Natak avait été chargé de ramener. Natak avait deviné que Maïna avait sans doute retrouvé le cadavre de la disparue et lui avait retiré cette tunique dont elle-même avait tant besoin. Mais Aputik imaginait déjà le pire. Elle ne dit pas, pourtant, qu'elle soupçonnait Maïna d'avoir tué la femme de Merqusak, sans doute pour se nourrir de sa chair.

Aputik entoura de ses gros doigts les minces poignets de l'étrangère. Elle émit un grognement de dédain puis releva la tunique pour scruter le corps de Maïna, qui recula afin d'échapper à l'inspection. Par tous les esprits, songeait Aputik, pourquoi Natak ramenait-il une petite femme de rien du tout alors qu'il y avait déjà dans leur tribu au moins deux bonnes femmes, grosses et fortes, prêtes à tout pour partager sa couche?

— Elle est trop maigre pour enfanter un pou! lança Aputik en désignant le corps frêle de Maïna.

Natak contempla la femme qu'il avait choisie. Elle semblait désemparée. Elle le regardait, lui, Natak, comme s'il eut pu tout expliquer, tout arranger. Maïna était visiblement épuisée, affamée, apeurée aussi. Natak eut pitié d'elle. Il oublia la colère d'Aputik, l'extrême froideur de Tadlo, et marcha vers l'étrangère.

L'angoisse étreignait Maïna. C'était trop de paroles et d'odeurs inconnues, trop de gestes incompréhensibles, agressants. Elle se sentait plus seule encore, plus perdue, qu'en ce jour où elle s'était égarée dans la forêt, au troisième portage de la rivière de Manutabi. Maïna vit Natak avancer vers elle, mais avant même qu'il l'atteigne, ses forces l'abandonnèrent et elle s'écroula sur le sol dur. Natak la souleva doucement, toujours surpris de la découvrir si légère, et l'étendit lui-même sous les lourdes peaux, là où il dormait d'habitude.

Tadlo attendit que son fils revienne vers lui. Il planta son regard dans les yeux de Natak puis il entreprit, avec des gestes délicats et lents qui surprirent beaucoup Natak, de retirer ses bottes de peau de phoque et ses chaussons en peau d'eider. Un long frisson secoua Natak lorsqu'il découvrit les petits ballots de fourrure qui pendaient au bout des jambes de son père. Tadlo dénoua les cordelettes de peau, et les morceaux de fourrure tombèrent sur le sol. Natak sentit son estomac se soulever. Tadlo n'avait plus de pieds, que des moignons sanguinolents révélant encore les chairs et les tissus ouverts.

Aputik parla. Elle raconta comment Tadlo avait chassé le morse dans une baie où les marées fracassent la glace en formant des crevasses. C'est là que se tenaient les gros animaux. La glace s'était ouverte sous ses pieds et il avait failli être déchiré par les défenses d'un morse. Tadlo était resté longtemps dans l'eau, happé par les bouillons noirs, horrifié par la proximité du morse, et sans doute aurait-il péri, car il ne sentait plus ses membres, si Kuitsé, l'époux de sa fille, ne l'avait arraché à la mer glacée. À son retour, Tadlo avait les pieds noirs. Pour éviter que le mal ne progresse, Aputik les avait tranchés comme si c'étaient des nageoires de phoque. Elle avait attaché les vaisseaux avec des tendons et enveloppé ces tristes extrémités dans des morceaux de fourrure.

Dehors, le vent gémit. Natak songea que Tadlo n'irait plus braver ce vent cruel pour arracher des bêtes à la toundra. Il faudrait que lui, Natak, ramène plus de phoques qu'avant. Plus que jamais, il aurait besoin d'une femme forte, habile à préparer les peaux, à découper les carcasses, à entretenir le feu. Maïna ne connaissait rien à la vie sur la banquise. Elle ne représentait qu'une bouche de plus à nourrir.

— Mon fils est aussi stupide qu'un lagopède à la saison des amours, lança alors Tadlo comme s'il avait entendu les réflexions de son fils.

Natak encaissa le coup et soudain, telle une bourrasque imprévue, une fatigue immense s'abattit sur lui. Il posa tristement son regard d'eau noire sur Tadlo, qui réenveloppait le bout de ses jambes dans les fourrures et les duvets. Natak lutta contre l'épuisement. Il tenta d'imaginer la quantité de phoques qu'il devrait désormais ramener et il fit l'inventaire de ce sur quoi il pouvait compter. Il possédait deux lances, un grand harpon, un arc, des flèches, un couteau à manche d'ivoire, quelques pierres à feu, un bateau en peau de phoque pour naviguer jusqu'aux îles où dorment les morses, deux peaux d'ours, une tunique de peau de phoque, usée mais encore bonne, au capuchon bordé de carcajou, une culotte d'ours, une veste de renard, plusieurs peaux prêtes à servir...

Natak s'arrêta, étourdi par la fatigue et l'angoisse, et il rejoignit Maïna sous les chaudes fourrures. Elle dormait d'un sommeil profond.

Maïna

Natak osa frotter son nez contre sa joue. La peau était douce, chaude et parfumée. Maïna portait encore les odeurs de son pays. Natak ferma les yeux. Il était bon chasseur, il possédait déjà beaucoup, mais toutes les bêtes de la mer et de la toundra ne réussiraient jamais à remplacer Maïna.

Quatre

Manutabi observait Mastii endormie à côté de lui. La douce amie de Maïna s'était faite tendre pendant la nuit. Elle avait sûrement connu beaucoup d'hommes, car ses caresses étaient surprenantes. Manutabi se demanda si le ventre de Mastii se remettrait à glonfler. Les Presque Loups racontaient qu'elle devenait pleine juste à regarder la lune.

Mastii avait les hanches rondes et la bouche gourmande. Il avait été heureux, la veille, de s'accoupler avec elle. Mais voilà que le soleil se levait sur le lac gelé alors que lui, Manutabi, était d'humeur plus sombre que la nuit. Ce corps de femme collé contre le sien avait ramené le souvenir de ses rares étreintes avec Maïna. Après de longs jours d'apathie, il s'était surpris à désirer Maïna presque férocement. Il n'arrivait plus à s'arracher à cette faim immense et une pensée obsédante le ravageait : n'eût été de Saito, Maïna dormirait à côté de lui.

Il songeait à ce jour où Maïna avait fui par la grande eau, derrière la pointe de la rivière aux truites. Il l'avait lui-même pressée de partir, mais au moment où elle avait plongé son aviron dans l'eau, Manutabi avait senti son sang se figer dans ses veines. Un pressentiment atroce venait de s'incruster en lui.

Après, il avait couru dans la forêt, brûlant d'espoir malgré tout. Il s'était accroché à ses désirs, à ses promesses, pendant la longue poursuite de Saito. Mais lorsqu'il était arrivé au campement des Presque Loups, les poings liés derrière le dos, quelque chose en lui s'était rompu. Il avait survécu à tant d'horreur, sans jamais perdre son appétit pour la vie, sans jamais souhaiter renoncer, mais soudain plus rien ne comptait. Il n'avait plus envie de lutter. Maïna était trop loin.

Manutabi contempla ses doigts. Les extrémités douloureuses n'étaient encore qu'une bouillie de chair mal cicatrisée. Le supplice infligé par Saito restait cruellement inscrit dans sa mémoire. Il n'oublierait jamais le regard de son tortionnaire. Saito était aussi mauvais que le chef de la tribu des îles, celle-là même qu'il avait choisi de quitter.

Quitter. Fuir. Échapper à la folie des hommes. Ou endurer. Se taire. N'y avait-il vraiment rien d'autre à faire? songeait Manutabi.

La veille encore, Saito avait prétendument guéri un enfant en crachant sauvagement de grands filets de sang. Depuis qu'il avait tant fait souffrir Tekahera, Saito n'avait plus jamais osé torturer un Presque Loup sous prétexte de le guérir, mais presque tous ses gestes charriaient une violence inutile, une colère mystérieuse et dévastatrice.

Mastii s'éveilla en gémissant doucement comme pour inviter Manutabi à la réchauffer. Il imagina Maïna à la place de son amie et mordit durement sa lèvre inférieure. Il n'aurait pas dû la laisser partir. Il aurait mieux valu qu'il se révolte, qu'il lutte contre Saito, quitte à en crever. Il n'avait jamais rejoint Maïna comme promis et, bien que Tekahera ait juré, avant de repartir vers son île, que sa presque fille était toujours vivante, lui, Manutabi n'en avait pas de preuve. Et si elle respirait encore, sous quels cieux marchait-elle? Avait-elle froid? Était-elle blessée? La faim tordait-elle son ventre?

Manutabi repoussa furieusement la peau bloquant l'ouverture de sa tente. Il sursauta en apercevant Saito un peu plus loin. Le jeune chef lui tournait le dos, aussi Manutabi ne comprit-il pas immédiatement ce qu'il faisait près du feu. Il découvrit bientôt que Saito profitait du sommeil des autres pour dévorer une énorme pièce de caribou alors même que la part de chacun était comptée. Saito mangeait cru, sournoisement, insensible aux besoins de cette tribu dont il avait la charge. Manutabi frissonna de dégoût, et soudain une rage inouïe s'empara de lui. Des années de révolte silencieuse venaient d'éclater dans son ventre. Une colère fracassante, follement destructive, embrasa tout son être. Il se sentait mû par une volonté nouvelle, terrible et implacable.

Sans bruit, Manutabi retourna à sa tente. Mastii se releva, alertée par un pressentiment étrange, mais il ne lui accorda même pas un regard. Manutabi prit ce qu'il cherchait et ressortit en secret. Peut-être eût-il suffi que Saito bouge, qu'il cesse de dévorer la viande, pour que Manutabi émerge de son furieux emportement, mais le jeune chef engloutissait encore la chair de caribou qui aurait dû nourrir d'autres bouches. Alors Manutabi s'approcha en serrant ses doigts autour de la hampe de sa lance. Il inspira profondément, attentif à tous les bruits autour de lui, recula, prit son élan et projeta l'arme.

Saito dut percevoir un sifflement. Il se retourna à temps pour voir filer la lance. Au lieu d'être atteint sous l'omoplate, il reçut le coup en plein ventre. Il aurait peut-être eu le temps de faire un pas, échappant à la trajectoire, mais il resta immobile, pétrifié, pendant que la pointe de pierre s'enfonçait dans sa chair. Il s'écroula en poussant un cri rauque, vite avalé par le vent. Le sang jaillissait déjà dans sa bouche.

Manutabi s'approcha. Saito n'avait pas encore rendu l'âme, il dévisageait son agresseur de ses yeux exorbités. Manutabi eut subitement honte de son éruption de violence. N'avait-il pas ardemment reproché pareils gestes aux siens? Il souhaita soudain effacer cette scène, même si cela avait ramené Saito.

L'autre n'en finissait plus de mourir. Un vrai carcajou. Manutabi n'arrivait pas à détacher son regard du sien et cela même devenait insoutenable. Les râles, les plaintes étranglées, tous ces faibles bruits de mourant parvenaient amplifiés à ses oreilles. Il avait l'impression d'être de nouveau soumis aux tortures de Saito, comme si l'homme à l'agonie étirait sa mort uniquement pour l'éprouver davantage.

Une étrange folie envahit Manutabi. Il ne s'appartenait plus. Il bondit sur le corps déjà presque sans vie et le cribla de coups. Mastii dut l'arracher à sa victime pour le ramener sous la tente après avoir elle-même retiré la lance du cadavre.

À leur réveil, les Presque Loups ne pourraient deviner l'agresseur. Mastii avait nettoyé la lance, prête à tout pour protéger l'amoureux de son amie. Ce bel homme venu d'îles lointaines et habité par d'inquiétants esprits. Elle ne le craignait pas pourtant et souhaitait même ne plus jamais le quitter.

Cinq

Aalasi éclata de rire en surprenant le regard de Maïna. L'étrangère était visiblement impressionnée, encore une fois, par ce qui, pour elle et les siens, n'avait rien d'extraordinaire. Maïna avait été saisie de dégoût en voyant une femme farfouiller dans les restes d'un phoque faisandé. Cette viande, vieillie durant des mois sous les pierres, avait pris des teintes de gris, de bleu et de vert et elle dégageait une odeur de pourriture qui soulevait le cœur de Maïna.

Sans Aalasi, la sœur de Natak, Maïna n'aurait sans doute pas réussi à supporter ces premières semaines parmi le peuple des glaces. Elle aurait peut-être déjà couru jusqu'au bout de la banquise, là où un brouillard noir s'élève de l'eau libre, pour se jeter à la mer. Ou encore elle aurait fui vers la forêt des siens, vers Manutabi, vers Tekahera, vers Mastii. Natak l'aurait retrouvée et il l'aurait ramenée, mais n'eût été d'Aalasi, Maïna serait partie quand même, au risque d'être battue par Natak à son retour.

Aalasi papotait beaucoup et riait souvent, comme la plupart des autres femmes, mais alors que celles-ci ignoraient Maïna ou l'accablaient de regards méprisants, Aalasi se moquait gentiment de ses bévues et lui enseignait ce qu'elle avait besoin de savoir. Elle avait le même bon regard que son frère Natak, une patience infinie et une joie de vivre étonnante chez un peuple qui vivait si durement. Aalasi avait déjà une enfant, Nila, une fillette aux yeux étirés qui portait dans son capuchon un chiot qu'elle faisait semblant d'allaiter. La sœur de Natak mettrait bas encore prochainement, car son ventre était rond et elle semblait presque aussi mûre qu'une femelle caribou du printemps.

Les femmes du pays de Natak avaient le visage marqué. Maïna ne connaissait pas encore le secret de ces lignes gravées dans leur chair. Plusieurs d'entre elles portaient un enfant dans leur capuchon ou nourrissaient l'un de ceux qui jouaient dehors avec les chiens et rentraient en courant, essoufflés, se faufiler sous la tunique de leur mère pour boire à grands traits. Parfois, avant qu'ils repartent, les femmes nettoyaient d'un coup de langue la morve sous leur nez.

Depuis qu'ils avaient franchi les limites de la forêt d'épinettes pour pénétrer dans ce désert où craque, siffle et gémit la glace, Maïna se sentait étrangère à tout. Elle découvrait, horrifiée, dégoûtée, inquiète mais parfois aussi simplement surprise, ce peuple des glaces dont Tekahera avait tant parlé. Tekahera avait sans doute raison de les dire cruels. Ils étaient durs avec leurs femmes. Au cours de la dernière nuit, Maïna avait entendu les plaintes de l'une d'elles punie par son époux. La femme avait jacassé toute la journée au lieu de réparer les mitaines de son conjoint et, à son retour de chasse, l'homme était furieux. Il l'avait forcée à dormir avec les chiens dans le tunnel de neige à l'entrée de leur tente avec pour seule protection, contre la nuit glaciale, sa pauvre tunique de peau.

Ils campaient directement sur la mer recouverte de glace. Leurs nuits semblaient interminables et le jour, le soleil d'hiver rasait tout juste l'horizon et bien peu longtemps. Le froid était mordant et les vents fous. Les hommes montaient des murs de neige autour de leurs tentes en peau de phoque et ils construisaient un tunnel d'entrée pour que le froid ne s'engouffre pas trop. Il n'y avait jamais de feu véritable dans ces tentes, que de petits brasiers dégageant une faible chaleur, juste assez pour faire fondre lentement l'eau et la graisse.

Les gens du pays de Natak mangeaient cru le plus souvent, comme Tekahera l'avait raconté, et ils buvaient d'incroyables quantités d'eau. Ils se nourrissaient presque exclusivement de phoque, cette viande trop grasse qu'ils trempaient pourtant dans l'huile avant de la mâchonner. En épiant les hommes, alors qu'ils plantaient leurs dents dans la viande dure, Maïna les imaginait se livrant à des festins cannibales. Quant aux femmes, à force de mâcher la peau des bottes de leur mari pour les assouplir lorsqu'elles étaient raidies par le froid, elles n'avaient plus que des chicots noirs à la place des dents, ce qui leur conférait une allure moins redoutable mais tout aussi impressionnante.

Enfermée dans une tente, jour après jour, Maïna avait finalement réussi à racler quelques peaux sans les percer. Natak lui avait remis une aiguille taillée dans l'os dur d'une aile de goéland et Maïna s'appliquait à coudre une peau en pratiquant l'ingénieux double point qu'Aalasi lui avait appris. Les coutures des femmes du pays sans arbres étaient bien plus étanches que celles des Presque Loups et cela surprenait infiniment Maïna.

Maïna se sentait prisonnière du mépris des femmes. Deux d'entre elles l'épiaient constamment et elle n'aurait jamais bu la moindre tisane qu'elles lui auraient offerte de crainte qu'elles n'y aient éparpillé des herbes ou des poudres aux pouvoirs fulgurants. Mais les gens des glaces ne buvaient que de l'eau, à peine tiède, et ils ne semblaient pas connaître les secrets des plantes. À la vue des plaies de Tadlo, Maïna n'avait pu résister au désir de l'aider. Aussi avait-elle marché longtemps, fouillant tous les creux protégés, le long de la côte et plus loin dans la toundra, à la recherche de quelque arbuste pour soigner. Elle était revenue à la banquise avec du bouleau et de la linaigrette. Tadlo s'était méfié de ses cataplasmes, mais il souffrait tant qu'il l'avait laissée faire et il en était content.

Depuis, Maïna avait découvert un monde secret et envoûtant sous la banquise, tout près de la côte, là où des mollusques s'accrochent aux rochers et où de longues algues collent au sol. Avec ces grandes herbes visqueuses, elle avait préparé de nouveaux pansements et Tadlo la récompensait parfois d'un mince sourire. Maïna appréciait ses brèves escapades dans ces cavernes glacées. Elle aimait se faufiler dans un trou, là où naît la banquise, et pénétrer dans ce royaume mystérieux. Au creux de ce silence givré, elle parvenait à oublier le regard mauvais des autres femmes et les yeux trop doux de Natak. Là, seulement, elle réussissait à s'évader en s'imaginant de retour dans la forêt des siens.

La veille, pendant que Natak chassait le phoque avec d'autres hommes, Maïna avait fait une découverte inquiétante. Elle s'était réfugiée quelques moments sous la banquise avant de rejoindre Aalasi et d'autres femmes réunies dans une même tente. Tous les jours, pendant que leurs maris chassaient, les femmes restaient assises à gratter, mâcher ou coudre des peaux en entretenant un faible feu, car elles n'avaient jamais beaucoup de mousse et de petites branches. De temps en temps, elles jetaient aux flammes un os enduit de graisse et pendant un bref moment une flamme jaillissait, haute et dansante.

En pénétrant dans la tente, Maïna avait surpris les femmes à s'échanger des pierres translucides comme celle que Manutabi lui avait offerte. Dès qu'elles aperçurent Maïna, les femmes enfouirent les pierres sous leur tunique en lui jetant ce regard mauvais qu'ont les chiens pour défendre leur viande. Maïna s'était alors souvenu du jour où Natak lui avait arraché sa pierre et de son regard triste et dur, longtemps après qu'il la lui eut rendue.

Maïna songeait encore à ces événements de la veille. Elle aurait tant voulu percer l'histoire secrète de la pierre qu'elle cachait dans sa pochette sacrée. Une femme venue d'une autre tente franchit le tunnel de neige. Maïna profita de cette diversion pour sortir sans trop attirer l'attention. Dehors, la force du vent la surprit. Elle serra sur ses épaules la peau de loup qu'elle portait désormais par-dessus sa tunique d'hiver pour afficher sa véritable appartenance. Le vent rugissait en éparpillant une fine neige tombée la veille. Dans la toundra, le vent bondissait sur les pierres, mais ici, sur la banquise, il fonçait jusqu'à l'eau libre sans que rien l'arrête. Seules quelques montagnes de glace flottante emprisonnées par l'embâcle lui opposaient leur résistance tranquille.

Ces montagnes semblaient gigantesques. Et la banquise si vaste. En cherchant des plantes, Maïna avait découvert la carcasse d'une bête inconnue, une créature si énorme qu'on l'eut crue sortie tout droit de la légende des Premiers Hommes. Tout semblait démesuré au pays de Natak. Le vent, l'horizon, le silence, même les ombres qui s'étiraient sur la neige. Les lumières du nord charriaient d'immenses voiles aux couleurs changeantes et leur spectacle durait si longtemps qu'à leur disparition les gens du peuple des glaces restaient immobiles et pantelants, accrochés à leurs rêves.

Maïna se demanda ce qui adviendrait de ses rêves à elle. La même question revenait sans cesse. Pourquoi les loups l'avaient-ils poussée jusqu'ici? Était-ce pour la forcer à fracasser tous ses désirs, à anéantir ce qui lui restait de joie? Était-elle simplement égarée dans ce pays sans arbres ou avait-elle une quête secrète à accomplir? Depuis cette nuit où elle s'était réveillée, la tête blottie dans la chaleur de Natak, elle n'avait plus jamais entendu hurler les loups. Existaient-ils encore sur ce sol infâme?

Maïna aurait voulu savoir pourquoi Natak avait croisé sa route. Pourquoi la gardait-il malgré la désapprobation des siens? Pourquoi l'observait-il longuement la nuit sans jamais toutefois s'emparer de son corps? Ce corps qui appartiendrait toujours à Manutabi. Pourtant, la nuit, parfois, bien malgré elle, son corps cherchait celui de Natak. Sans doute parce qu'il faisait un froid à fendre les pierres, parce que leur feu était trop maigre, parce que des vents ahurissants poussaient la neige dans les interstices de leur tente et qu'elle s'éveillait grelottante, le visage barbouillé de neige fondue, incapable d'oublier suffisamment sa misère pour se rendormir.

Natak aperçut Maïna, le dos au vent, près d'une tente. Il accéléra le pas. La chasse avait été mauvaise. Ils étaient partis tôt et rentraient tard, pourtant, aucun des chasseurs ne traînait de bête dans son dos. Il faudrait bientôt changer de campement. Les phoques avaient fui cette baie depuis quelques jours, sans doute retenus par Sedna, la déesse des mers aux humeurs changeantes. Les siens diraient que la maîtresse des eaux protestait contre la présence de Maïna. Mikiju et Liitsia avaient déjà réclamé maintes fois que Maïna soit livrée aux maigres loups blancs qui rôdent dans la toundra. Elles reprochaient à l'étrangère de ne pas savoir travailler les peaux de phoque, ce qui insultait Sedna.

Mikiju et Liitsia avaient suggéré que Natak prenne l'une d'elles comme deuxième épouse. Aputik avait riposté que son fils avait déjà trop de bouches à nourrir et Natak s'était senti ridicule. Une deuxième femme? Il n'en avait pas encore une. Ses nuits étaient vides et froides. Aputik et Tadlo le savaient, de même qu'Aalasi et son mari, Kuitsé, qui dormaient dans la même tente. Pour se défendre, Natak leur avait confié que Maïna n'était pas encore femme; qu'il valait mieux attendre. Il avait réclamé la complicité de sa sœur afin de faire comprendre à Maïna qu'elle devait cacher ses saignements.

Ce matin encore, pendant qu'ils guettaient le phoque, Kuitsé s'était moqué de Natak.

— C'est pour ramener une femme aux cuisses de mouche que tu as traversé la toundra, Natak?

Kuitsé avait ri longtemps en frappant ses mains sur ses propres cuisses bien en chair. Un autre chasseur avait offert à Natak de lui prêter sa femme.

— Une bonne femelle, grosse et chaude, s'était-il vanté.

Les échanges de femmes étaient fréquents, mais l'homme avait sournoisement précisé qu'il ne tenait pas à profiter de Maïna, car elle ne semblait pas assez chaude pour lui. Natak avait senti la colère bouillonner dans ses veines.

Ce soir-là, il n'y eut que des restes à manger. Pour se consoler, hommes et femmes s'entassèrent dans quelques tentes. Natak devina ce qui allait suivre. Il avait envie d'une femme mais refusait de partager Maïna. Aalasi surprit son regard déjà affolé. Elle-même était trop lourde pour participer à ces jeux, aussi entraîna-t-elle Maïna hors de la tente à sa suite. Peu après, les feux s'éteignirent et à tâtons, dans l'obscurité, hommes et femmes se choisirent un partenaire en étouffant des rires. Ils se glissèrent ensuite sous les fourrures, chacun tentant de deviner l'identité de son compagnon avant de s'accoupler.

Mikiju dormait encore dans les bras de Natak. Cette brève explosion de plaisir n'avait guère rassasié Natak et il n'avait pas réussi à trouver le sommeil ensuite. Natak songeait à un chant des anciens racontant le drame d'un homme mort de faim en poursuivant le narval, cette baleine fabuleuse, dans une mer pleine de phoques. Lui-même ne valait guère mieux. Il s'acharnait à courir derrière une créature impossible qui le vidait de ses forces. Souvent, alors qu'il guettait le phoque au-dessus d'un trou de respiration percé dans la banquise, ses pensées fuyaient vers Maïna et il en oubliait de surveiller l'indicateur, ces quelques poils d'ours qui remuent à l'approche du phoque, signifiant ainsi au chasseur qu'il est temps de lancer le harpon.

Natak sortit de la tente. Le ciel était noir et le froid cinglant. Ils avaient atteint le temps de l'hiver où les phoques avortent dans leurs grottes sous la neige et où les renards affamés périssent dans la toundra. Natak savait que le jour n'écarterait pas ce froid atroce. Les chasseurs refuseraient de partir pour guetter des phoques qui ne viendraient sans doute pas. Natak décida qu'il préférait geler, seul sur la banquise, plutôt que d'attendre que fuie le jour, enfermé dans une tente où la présence de Maïna lui rappellerait constamment sa folie.

Il marcha vers l'abri des siens. Maïna ne dormait pas. Elle fabriquait du feu à sa manière avec une baguette qu'elle roulait entre ses mains tout en l'appuyant sur une surface de bois dur. La fumée apparut, puis le feu. Maïna enflamma quelques brindilles, serra sa peau de loup sur ses épaules et laissa son regard danser parmi les flammes. Natak contempla un instant ce visage dont il connaissait chaque courbe, chaque détail, puis il pénétra dans l'abri.

Maïna sursauta. Elle n'avait pas fermé l'œil de la nuit. Natak avait dormi dans les bras d'une femme, elle l'avait deviné. Il était revenu mais s'apprêtait à repartir pour chasser alors même que le vent n'avait jamais été si froid. Maïna vit le harpon de Tadlo et, du coup, elle se décida. Elle enfila tous ses vêtements et prit l'arme. Natak lui jeta un regard de feu et il lui ordonna de déposer le harpon. Maïna chercha parmi les mots qu'elle avait appris au fil des jours et elle réussit à annoncer à Natak qu'elle chasserait avec lui.

Il eut un rire presque joyeux qu'elle fut heureuse d'avoir provoqué. Mais Natak la regardait maintenant comme une enfant dont on s'amuse. Maïna songea à toutes les bêtes qu'elle avait tuées. Des tas d'oiseaux et beaucoup de lièvres, comme toutes les femmes, mais de grands animaux aussi. Loup, caribous. En échappant à Saito, elle avait cru pouvoir continuer de chasser. Le pays de Natak était lui aussi peuplé de bêtes que les hommes épiaient et tuaient. Pour survivre d'abord, mais aussi parce qu'en accomplissant ces gestes ils se sentaient plus forts, plus vivants, plus près des esprits.

Maïna défia Natak du regard et il eut ce premier réflexe de la frapper afin qu'elle obéisse. Mais Natak découvrit dans le regard de Maïna un désir si puissant, une volonté tellement extraordinaire, qu'il en fut troublé. Pendant longtemps cette petite femme n'avait été qu'un rêve, une suite d'images, une impression subitement incarnée dans ce corps trouvé dans la neige. Il avait voulu la protéger, la garder vivante.

Pour lui, Natak. Et voilà qu'il découvrait qu'elle n'appartenait pas seulement au brouillard et au vent. Elle était là, devant lui, les yeux en feu, le cœur ardent, prête à le suivre sur son chemin de glace. Natak ne dit rien, mais il la laissa marcher derrière lui, la lance de son père à la main.

Six

Ils marchèrent longtemps. Un soleil froid répandait des lueurs roses, la neige dure crissait sous leurs pieds. Seuls les cris des corbeaux rompaient parfois le silence. Heureuse de pouvoir enfin bouger et excitée à l'idée des bêtes à surprendre, Maïna se sentait revivre.

Natak avait décidé de ne pas chasser au trou. Ils iraient plus loin, en longeant la côte, jusqu'à cette baie où la glace avait cédé sous les pieds de son père. Natak ne craignait rien, il faisait beaucoup trop froid pour que la glace éclate. Là-bas, dans les crevasses d'eau noire, il réussirait peut-être à harponner un gros phoque.

Ils approchaient de la baie lorsque le vent se leva. Natak se retourna pour voir Maïna, mais au même moment elle disparut dans un soulèvement de neige. Natak s'arrêta et attendit. Il avait l'habitude de ces humeurs du vent. Maïna finit par émerger de ce nuage poudreux et il attendit qu'elle le rejoigne. Le vent soufflait maintenant par brusques secousses, comme une bête souffrante. Natak écouta le chant de la banquise. Aux gémissements rauques du vent succéda un profond silence. Puis la banquise redevint vivante. Elle émit des sifflements et des plaintes qui enflèrent peu à peu. Étirée et tordue par le froid, la glace craquait et grondait avec parfois des rages soudaines, comme un bruit de tonnerre surgissant du ventre de la mer.

Maïna avait crié en disparaissant dans la rafale, mais le vent avait englouti sa voix. Elle avait eu peur en voyant l'horizon s'effacer et la silhouette de Natak s'évanouir dans le vide. Elle chercha vainement une forme, une ombre à laquelle s'accrocher. Il n'y avait rien que cette infinie blancheur. Et puis soudain, Natak réapparut. Il l'attendait. Maïna fut surprise de sentir son cœur cogner si fort dans sa poitrine.

Peu après, ils entendirent grogner des phoques. Dès cet instant, Natak se transforma. Il n'existait plus que pour sa proie. Maïna l'observa à distance en serrant le harpon dans son poing. Natak s'approcha très lentement d'une crevasse en rampant. Il s'arrêtait régulièrement pour gratter la neige dure avec une baguette d'ivoire, en imitant le phoque griffant la neige. Il avança jusqu'aux limites de la glace et s'arrêta, penché par-dessus l'eau libre. Natak s'immobilisa alors et il attendit. Longtemps, très longtemps. Maïna sentait le froid pétrifier son corps. Plusieurs fois, elle dut frictionner ses membres, agiter ses pieds et ses bras, incapable d'imiter Natak qui, lui, ne bougeait toujours pas.

Soudain, Natak éleva son harpon et le plongea dans l'eau. Maïna perçut un bruit mat.

Natak lança le manche détachable sur la glace en agrippant fermement la lanière de cuir attachée à la pointe d'ivoire enfoncée dans la chair du phoque. Il tira de toutes ses forces, priant Sedna pour que la lanière tienne et que le phoque ne se dérobe pas. Maïna courut vers lui.

L'énorme phoque se débattait encore farouchement, roulant un regard noir, à la fois plaintif et menaçant, tout en émettant des bruits sourds, pendant que l'eau rougissait autour de lui. Maïna avait les bras solides et le pied ferme, Natak fut content qu'elle l'aide à hisser l'animal. Une fois sortie de l'eau, la bête se tortillait encore en grognant, la gueule entrouverte sur ses petites dents pointues. Natak l'assomma d'un coup de pied. La masse de chair tremblota encore un peu alors que le sang se répandait sur la glace. Soucieux de ne pas perdre ce précieux liquide, Natak referma la plaie à l'aide d'une courte tige d'ivoire. Puis, en grattant de ses doigts nus, il arracha un morceau de glace à la banquise, le fit fondre dans sa bouche, et coula l'eau dans la gueule du phoque afin que son esprit n'ait plus jamais soif.

Ils halèrent ensemble le lourd animal sur le chemin du retour. Le ciel était devenu parfaitement clair, la glace dorée dans la lumière rasante. Natak se demandait pourquoi les hommes laissaient toujours leur femme dans la tente pendant qu'ils chassaient le phoque. La présence de Maïna avait illuminé cette journée, et même s'il n'avait pas ramené une bête, le simple fait qu'elle soit là aurait rendu la défaite tellement plus tolérable.

Les siens furent surpris de voir Natak revenir en tirant un gros phoque avec l'aide de Maïna. Natak était fier. Sa femme était différente, sa femme était unique. Dans ce corps d'apparence fragile bouillonnait une formidable énergie, des forces fabuleuses et secrètes qu'il se promettait de découvrir.

Maïna savait comment font les femmes pour préparer ces bêtes. Elle emprunta le couteau d'Aalasi, fendit le ventre du phoque, juste assez pour qu'il ne perde pas trop de sang, et retira les viscères. Elle mit à part le foie et l'offrit à Natak, le harponneur. Natak trancha l'organe délicieux, grouillant de vers blancs, et il en tendit une part à Maïna, signifiant ainsi, devant tous, qu'elle avait participé à cette chasse. Les femmes rirent comme elles faisaient toujours lorsqu'elles étaient étonnées ou gênées et Maïna sentit le plaisir réchauffer ses joues.

Elle lança de longs boyaux d'intestin aux chiens et recueillit dans ses mains du bon sang épais et chaud. Les enfants vinrent boire, plongeant leur visage dans le liquide presque noir avant de repartir en courant, les joues luisantes et les lèvres écarlates. Finalement, elle découpa de belles bandes de peau et de gras et de larges parts de chair rose. Les femmes vinrent en chercher pour nourrir leur famille. Personne d'autre n'avait chassé ce jour-là et il était coutume de partager.

Maïna rayonnait, agenouillée devant l'animal, les bras couverts de sang, le menton et les joues rougies, car dans son enthousiame elle avait avalé non seulement sa part du foie, mais plusieurs languettes de viande crue et même un peu de gras. Natak rit en la contemplant. Elle ressemblait presque aux femmes du pays sans arbres. Maïna se tourna vers lui et elle fut si contente de le voir heureux qu'un large sourire ensoleilla son visage.

Ce soir-là, sous les fourrures, Natak lécha doucement le visage de Maïna, puis son cou. Maïna sentit son corps frémir et frissonner puis trembler de désir. Elle comprit alors pourquoi si souvent, la nuit, son corps avait cherché celui de Natak. Ce n'était pas simplement le froid. Elle avait envie de lui, l'étranger, l'homme du pays de glace. Cette découverte lui parut terrible et merveilleuse. Les yeux rivés au regard d'eau noire de son compagnon, Maïna attendit que ses peurs fondent peu à peu.

Une joie puissante enflamma Natak. Il avait vu l'éclair de désir dans les yeux de Maïna. Natak retira vivement son pantalon d'ours blanc puis fit glisser maladroitement celui de Maïna. Il la pénétra immédiatement. Maïna sentit des vagues rouler dans son ventre puis gonfler et enfler jusqu'à atteindre des hauteurs vertigineuses avant de la submerger entièrement. Elle fut ébahie par l'intensité de son bonheur et lorsque Natak retomba finalement à ses côtés, épuisé et heureux, elle roula sa tête sur sa poitrine et se creusa un nid dans son épaule en se promettant de chasser encore souvent avec lui. Natak.

Sept

Natak vit les nuages s'agglutiner en formant des ailes d'outardes dans le ciel. La lune trop pâle était cerclée d'un halo de lumière trouble. Tous comprirent l'horrible présage, et si leur chaman n'avait pas déjà rendu l'âme, ils auraient réclamé son aide avant que la tempête s'abatte. Mais il n'y avait plus personne pour intercéder au nom de tous auprès de Sedna et des autres grands esprits. Natak devina que les siens songeaient à la disparition du chaman et à la bataille de la baie des pierres de lune en cette nuit lourde de menaces. Il savait aussi que la présence de Maïna à ses côtés agressait ses compagnons encore plus que d'habitude.

La lune disparut pendant qu'ils dormaient, les étoiles aussi. Le ciel s'alourdit et le soleil ne vint pas. Il neigea très fort pendant tout ce qui aurait été le jour, s'il n'avait pas fait si sombre, et la tempête continua encore. Ils devinrent tous prisonniers de leur tente.

Avant cette tempête, ils avaient déjà déménagé leur campement plusieurs fois, mais la maîtresse des mers avait continué à retenir les phoques dans ses cheveux d'algues, sombres et gluants. Maïna avait découvert que les bêtes de la mer étaient aussi imprévisibles que les caribous et, de plus en plus affamée, elle s'était mise à rêver elle aussi, comme les autres, à cette viande de phoque qui pourtant lui répugnait encore. Depuis des jours, ils n'avaient eu à manger que des algues et des coquillages volés à la mer sous la banquise. Les hommes avaient parcouru la toundra sans même réussir à rapporter un rat musqué.

Ainsi avaient-ils déjà très faim lorsque leurs tentes furent ensevelies sous la neige. Ils utilisèrent parcimonieusement les broussailles et la mousse, soucieux de ne pas épuiser les réserves de combustible. Il fallait surtout réussir à fondre la neige pour se désaltérer. Nul ne savait combien de jours durerait la tempête, mais tous espéraient ne pas être contraints de boire leur urine.

Les chiens furent les premiers à hurler de désespoir. Hommes, femmes et enfants avaient mieux appris que les bêtes à endurer la souffrance. Les chiens n'en pouvaient plus de survivre en grappillant les excréments des humains. Les rares carcasses traînant autour du campement avaient été parfaitement nettoyées par les hommes et les femmes eux-mêmes dans les jours précédant la tempête. Après les chiens, ce fut au tour des enfants de se lamenter. Ils devinrent vite inconsolables. L'écho de leurs pleurs mêlé aux cris aigus des chiens hantait la banquise. Alors on tua quelques chiens pour les manger.

Maïna n'était pas trop dépaysée. Les tempêtes du pays sans arbres étaient plus blanches, plus denses. Au plus fort, on ne voyait pas sa main, ni le bout de son pied. Le froid mordait de manière plus sauvage encore que dans la forêt des Presque Loups et les vents rugissaient bien plus qu'ils ne sifflaient, car ils n'avaient pas à se faufiler entre les arbres. Mais la faim était pareille. Elle tordait le ventre et ravageait l'esprit.

Prisonnière de ce délire blanc, Maïna erra dans des songes peuplés de loups. Elle les voyait partout. Des meutes bondissaient depuis la lisière d'une forêt, traversaient des torrents, s'élançaient sur les rivières gelées. Le soir, les bêtes noires de ses rêves s'écrasaient, fourbues, et tendaient bravement le cou, pointant leur museau vers le ciel pour hurler à la lune, mais aucun son ne sortait de leur gueule.

Natak avait tenté de l'arracher à ces songes trop lourds. Il lui avait parlé d'une voix tendre, car ils partageaient désormais plusieurs mots, mais Maïna avait oublié leurs jours de chasse et leurs nuits d'amour. Cette tempête ramenait toutes celles qui étaient entassées dans sa mémoire. Depuis sa fuite vers l'étoile du Grand Caribou, jamais les Presque Loups ne lui avaient semblé si près, si présents. Elle avait parfois l'impression que, si elle tendait la main, ses doigts rencontreraient la bonne patte d'ours de son père. Que si elle sortait de la tente, elle trouverait Manutabi devant elle. Et que si elle tournait la tête, elle verrait monter la fumée depuis l'île de Tekahera.

Finalement, ils ne gardèrent que trois chiens. Les autres furent dévorés, chair, os et peau. Il fallait s'arrêter là. Après la tempête, ils auraient besoin des chiens pour flairer les trous des phoques sur la banquise. Ils attendirent donc, impuissants. Natak souffrait de voir Maïna s'enfoncer encore davantage dans ses songes. Il souffrait aussi en regardant sa sœur, Aalasi, dont la faim devait être immense, car elle nourrissait un petit homme dans les secrets de son ventre. Bientôt, Natak ne put supporter davantage cette immobilité douloureuse. Il prit ses armes et partit.

Dehors, les vents sculptaient la glace. Natak se sentit fouetté jusqu'au cœur par leur souffle puissant. Il lui sembla impossible de foncer dans cette tempête. Pourtant, il réussit à mettre un pied devant l'autre, puis encore. Il risquait de ne jamais revenir, car à peine avait-il fait quelques pas que sa tente et toutes les autres avaient disparu.

Natak erra longtemps, englouti par la poudrerie, écrasé lui aussi par le souvenir de toutes les tempêtes qu'il portait en lui. Il y avait eu des saisons où le vent se levait en soufflant la neige alors que les chasseurs venaient tout juste de ramener des phoques. Durant ces tempêtes, hommes, femmes et enfants mangeaient tranquillement, en silence, avant de s'enfoncer dans un demi-sommeil, comme les ours dans leur tanière, jusqu'à ce que le ciel redevienne clair. Parfois aussi, la tempête éclatait quand le peuple des glaces avait faim depuis trop longtemps déjà. Ils redécouvraient alors la misère blanche. À contrecœur, ils mangeaient du chien. Puis de l'homme.

Enfant, Natak avait goûté une première fois à l'humain.

— Ton père nous avait donné une tête à partager, lui avait raconté Aputik.

C'était un morceau de choix. Aux vieillards on ne donnait que des mains. Aputik lui avait expliqué tout cela alors même que Natak était petit. Il fallait qu'il sache, disait-elle. Tous les enfants du peuple des glaces goûtaient un jour à l'humain, avait-elle encore ajouté pour que Natak n'ait pas trop honte. Puis Tadlo avait expliqué à son fils qu'il ne fallait pas trop prendre goût à la chair de l'ours blanc, car elle ressemblait à la viande d'homme.

Ils avaient tous remangé de l'humain l'hiver au cours duquel Aalasi était devenue femme. Pendant cette tempête, Natak s'en souvenait, un homme avait tué son vieux père en l'étranglant avec une lanière de cuir. Ils se l'étaient partagé, mastiquant lentement la viande pour refaire leurs forces. La tempête s'était brusquement dissipée alors même qu'ils mordaient encore dans la chair de l'homme et Natak avait été assailli par la culpabilité. N'auraient-ils pas dû endurer encore, attendre davantage? Ils avaient enseveli le reste du cadavre sous un tas de pierres pour le protéger des renards, des ours, des corbeaux et des loups, mais cela leur avait semblé ridicule et vain.

Natak ne sentait presque plus le froid mordre sa peau lorsqu'il trébucha sur un petit paquet dur et découvrit un renard gelé. La bête encore intacte avait sûrement succombé au froid durant la tempête. Natak emporta l'animal raidi en songeant que son propre corps n'était guère plus animé. Il décida alors de rentrer, sans savoir s'il y parviendrait, car il avait marché durant des heures avec très peu de repères. Il pivota lentement et revint sur ce qui aurait pu être ses pas si le vent n'avait déjà tout balayé. Natak fit le vœu de ne pas tourner en rond.

Une rivière de poudre blanche inondait encore la banquise. Plus haut, là où volent les corbeaux, le ciel était bleu pourtant. La fatigue, le froid et la faim étourdissaient Natak. Il eut plusieurs fois envie de s'arrêter pour dormir un peu, mais il savait que la mort rôdait et il avait ce renard gelé à offrir aux siens. Alors Natak avança encore longtemps avec l'impression d'être condamné à marcher éternellement. Le silence tomba brusquement sur la banquise et, comme dans un mirage de printemps, Natak aperçut les tentes minuscules des siens. Rêvait-il ou la tempête était-elle finie? Natak courut, le renard argenté cognant dans son dos.

Au bout du petit tunnel d'entrée de leur tente, Natak aperçut Kuitsé, le regard vide. À ses côtés, Aalasi berçait en pleurant sa petite fille qui, elle, ne pleurerait plus jamais. Maïna était roulée en boule, comme les chiens, la tête collée aux genoux, encore refermée sur son monde. Natak ne pouvait deviner qu'elle dormait sous les épinettes, il remarqua seulement qu'elle semblait vivante.

Ils écorchèrent le renard et mastiquèrent lentement la viande dure. Natak annonça que la tempête était finie. Tadlo soupira. Il le savait déjà, mais il n'avait pas encore la force de franchir le tunnel de neige. Aputik pleura. Elle avait appris à rester stoïque pendant les tempêtes et voilà que la débâcle éclatait dans son cœur. Maïna observa la mère de Natak comme si elle la voyait pour la première fois, puis elle contempla longuement Aalasi avant de comprendre qu'elle caressait une fillette morte. Cette même scène, elle l'avait déjà vécue dans son propre pays.

Maïna sortit, fouilla le ciel, inspira profondément et chancela. Elle mordit alors dans la cuisse de renard que Natak lui avait tendue. Elle avança à petits pas, sa peau de loup sur les épaules, et découvrit un vieil homme, le grand-père de Kuitsé, assis dans la neige, dur comme une pierre et les yeux ouverts. Il avait choisi de mourir au début de la tempête, trop fatigué par tous ces hivers pour endurer une autre longue faim.

Ils finirent tous par émerger de leurs tentes, les vieillards titubants aidés par leurs enfants. Une petite, la fille de Kango, manquait à l'appel.

Maïna remarqua que Kango gardait la tête baissée et sa femme promenait des yeux hagards. Le couple semblait moins faible que les autres, moins éprouvé par ce jeûne atroce. Un terrible soupçon s'immisça alors dans l'esprit de Maïna. D'un coup lui revinrent les récits de Tekahera. Sa presque mère avait si souvent répété les mêmes paroles. «Ce sont de petits êtres cruels habités par un esprit mauvais. Leur âme est glacée. Ils dévorent cru, comme les bêtes. Et ils sont sans pitié. On peut entendre, les soirs de tempête, la plainte des hommes des glaces dévorés par leurs frères.» Maïna plongea dans le tunnel et pénétra dans la tente de Kango. En découvrant le cadavre estropié de l'enfant, elle poussa un cri d'horreur qui glaça le sang de Natak.

«Elle n'a rien compris», se répéta silencieusement Natak.

Comment pouvait-elle comprendre le fragile équilibre du pays sans arbres? Elle ne savait même pas qu'il ne fallait surtout pas crier. La douleur de tous était déjà bien assez grande. N'avait-elle pas vu la honte qui écrasait Kango? Et l'épouvantable souffrance de sa femme? Elle avait été souvent malade et Kango avait grand besoin qu'elle lui enfante un petit homme. Parce qu'il craignait qu'elle ne s'épuise gravement à force de ne rien manger et qu'elle ne soit plus capable ensuite de lui faire un fils, ils avaient sacrifié leur fille et entrepris de la manger.

Maïna ressortit en traînant le cadavre sans tête de l'enfant. Natak aurait dû l'arrêter, mais il avait trop honte. Honte d'elle. Maïna s'arrêta devant Kango et laissa tomber sur la glace le petit bras qu'elle avait tenu.

C'était trop de misère, trop d'horreur. Elle avait besoin de se dissocier de ce peuple sauvage, d'exprimer clairement sa révolte, sa répulsion. Maïna cracha au visage de Kango puis elle le roua de coups et le cribla d'insultes. Elle réussit encore à le griffer et à le mordre avant que Tadlo l'empoigne et la secoue comme une branche de saule jusqu'à ce qu'elle cesse de le marteler de ses poings. Maïna éclata alors en sanglots.

Mais les pleurs de Maïna n'émurent pas Natak. Il se sentait blessé jusqu'aux os. Comment pouvait-il aimer cette femme sans cervelle qui ne comprenait rien à la vie des siens? Peut-être fallait-il, pour comprendre, être né ici, aux limites mêmes où survivre restait possible. Natak revit le petit corps muet de l'enfant d'Aalasi. Au lieu de chasser bêtement les renards trop maigres endormis par le froid, n'aurait-il pas dû, lui, Natak, trouver le corps de ce vieillard qui s'était si discrètement offert aux siens et, comme son père l'avait fait pour lui lorsqu'il était petit, offrir la tête, le meilleur, à cette enfant? Ainsi respirerait-elle encore sous ce ciel trop bleu.

Natak aurait voulu que Maïna se taise. Qu'elle cesse de remuer ses propres angoisses alors que d'autres à côté luttaient contre des fantômes bien plus effrayants. Il avait pitié de

Kango et voulut lui dire combien il avait honte de cette étrangère qu'il avait prise pour femme. Comme il allait parler, les pleurs de Maïna redoublèrent et soudain, la colère balaya la honte. Natak fondit sur Maïna et il la roua de coups. Il la frappa sans relâche, de ses pieds, de ses poings, jusqu'à ce qu'elle gise inconsciente, les lèvres tuméfiées et sanglantes, les paupières gonflées, ses longs cheveux épars dans la neige, sa peau de loup encore accrochée au bout de son bras.

Huit

Après la tempête, Sedna libéra les phoques. Natak réussit de belles chasses et dans la tente de Tadlo tous eurent de la viande et du gras à manger. À la tombée du jour, Natak rentrait affamé en traînant un phoque. Il prenait place dans la tente, du côté des hommes, là où on taille la pierre et répare les outils, se découpait des languettes de phoque cru et de bons morceaux de graisse et dévorait sa part avec férocité. Puis, la nuit venue, il quittait l'abri sans rien dire pour aller se glisser sous les fourrures de Mikiju.

Aalasi, dont le ventre continuait à enfler, soigna Maïna avec des gestes tendres et doux comme si l'étrangère avait remplacé sa petite fille. Elle nettoya ses blessures avec une fourrure de lièvre et la fit boire et manger. Le corps de Maïna était couvert d'ecchymoses, mais tous les os étaient en place, ce qui étonnait Aalasi car elle avait été témoin de l'emportement de son frère. Le sort de l'étrangère l'inquiétait. Les femmes souhaitaient qu'elle parte. S'il avait été encore de ce monde, le chaman aurait vu clair en Maïna et il l'aurait chassée, disaient-elles. L'étrangère appartenait à la tribu des voleurs de pierres, elle avait ensorcelé Natak puis elle avait chassé comme les hommes, ce qui avait irrité Sedna. S'ils avaient tant souffert pendant la tempête, c'est parce que Maïna était parmi eux.

La sœur de Natak n'arrivait pas à détester Maïna, ni même à croire que l'étrangère était responsable de la mort de Nila, sa petite fille. Elle avait confiance en son frère, Natak le puissant. S'il avait quitté les siens si longtemps au début de l'hiver pour revenir avec cette petite femme, c'est qu'elle avait des forces que le peuple des glaces devait découvrir. N'avait-elle pas soigné Tadlo? Et puis, secrètement, Aalasi admirait Maïna. L'étrangère avait chassé le phoque et elle était revenue, les yeux brillants, le cœur épanoui. Aalasi rêvait parfois d'aller loin sur la banquise elle aussi et de rentrer sous un ciel presque noir en tirant fièrement un phoque.

Pendant qu'Aalasi l'entourait gentiment de soins, Maïna songeait souvent à la petite Nila, morte dans les bras de sa mère. Maïna n'avait rien vu des drames qui s'étaient joués à ses côtés pendant la tempête. Elle avait vécu les longs jours d'emprisonnement en étrangère, sans se soucier de ceux dont elle partageait l'abri. Pendant que le vent éparpillait la neige, elle avait renoué avec les siens, tous ces loups et Presque Loups qu'elle avait tenté d'oublier dans les bras de Natak. Maïna s'était isolée dans son propre nuage de neige et de vent pour s'inventer des histoires au pays des siens.

Elle avait plongé dans la forêt d'épinettes comme dans une rivière pour y allumer un immense feu de branches aux flammes couleur d'automne et de sang. Elle avait dévoré des viandes grillées au fumet étourdissant et rapporté au campement des caribous gigantesques avec l'aide de Mishtenapeu. Elle avait rejoint Tekahera sur son île et découvert une tanière immense où l'attendait Manutabi. Ils avaient dormi ensemble sur un lit de fougères et marché longtemps, pieds nus dans la rosée, pour voir le soleil surgir des entrailles du monde.

Cette tempête, Maïna l'avait vécue bien loin du pays de glace et quand les vents s'étaient tus, elle n'avait pas vraiment quitté la forêt d'épinettes. Elle avait presque oublié Natak, leurs nuits et leurs chasses. Elle avait vu le chagrin d'Aalasi avec des yeux d'étrangère et c'est de ce même regard, brouillé par le souvenir des légendes sur les Hommes des glaces, qu'elle avait jugé Kango, insensible à sa douleur et à son impuissance.

Maïna se remit à songer à sa quête, à se creuser la tête pour comprendre ce que les loups attendaient d'elle. Repartir? Mais alors, et encore, pourquoi l'esprit du loup l'avait-il attirée jusqu'ici? Malgré son corps durement éprouvé par la faim et le froid et meurtri par les coups de Natak, malgré la certitude que tous approuvaient que Natak se réfugie dans les bras d'une autre, Maïna sentait que les loups ne l'avaient pas encore abandonnée et elle avait l'impression que sa quête, quelle qu'elle soit, était au moins un peu liée à ce Natak tendre et cruel.

Après la tempête, Maïna réfléchit longuement aux deux grands territoires qu'elle connaissait. Perdue dans ce désert de glace, elle ressentait plus que jamais son appartenance aux Presque Loups. Mais ce Natak à qui elle devait la vie exerçait sur elle une fascination étrange. Et malgré tous les drames survenus, Maïna savait que le peuple des glaces était bien moins redoutable que ce qu'enseignaient les légendes des Presque Loups. Elle avait déjà appris beaucoup au pays de Natak et sans doute lui restait-il d'autres découvertes à faire.

Maintenant qu'il l'avait rejetée, Natak la laisserait peut-être fuir, mais à quoi bon partir pour mourir en chemin ? Maïna avait aussi des choses à dire à l'homme qui l'avait sauvée. Elle resterait encore, juste un peu. Au printemps, elle partirait. Les hommes d'ici savaient construire d'étranges bateaux avec du bois flotté, des os et la peau du phoque. Natak l'aiderait peut-être malgré tout. Dans son embarcation de fortune, elle remonterait la rivière où Natak l'avait trouvée. En prenant soin d'éviter les rapides et en utilisant parcimonieusement les vivres, elle parviendrait peut-être à rejoindre les Presque Loups avant les grandes chasses d'automne.

Maïna se leva et sortit. La lune était ronde, les étoiles nombreuses. Elle se dirigea vers la tente où dormait Natak. En avançant sur la neige durcie qui craquait sous ses pas, Maïna chercha les paroles qu'elle offrirait à Natak, mais les rares mots connus lui semblèrent impuissants. Elle se promit de maîtriser la langue de Natak avant de repartir vers les siens, de percer le secret de ses mots pour lui raconter la forêt des Presque Loups et lui inventer des légendes. Peut-être alors parviendrait-il, aux prochaines tempêtes, à s'évader de cette sinistre tente pour voguer parmi les étoiles?

Natak écarquilla les yeux en l'apercevant. Elle s'était arrêtée au seuil de l'abri après avoir franchi le tunnel d'entrée. Maïna avait préparé une poignée de mots, mais en découvrant Natak dans les bras de Mikiju, elle avait éprouvé une douleur vive qui lui avait fait oublier ses paroles. Elle allait repartir, abandonnant Natak à cette autre femme, lorsqu'elle crut reconnaître un cri venu de très loin. La plainte s'approcha et s'amplifia jusqu'à ce qu'un hurlement déchire le silence de la toundra. Les loups étaient revenus. Ils étaient là, tapis dans l'ombre, encore fidèles.

Maïna dut rassembler tout son courage pour avancer jusqu'à Natak. Elle prit sa main et l'obligea à la suivre. Il mit ses bottes sans dire un mot. Elle le guida vers leur tente, s'étendit sous les fourrures puis se tourna vers lui encore debout, et soutint longuement son regard d'eau noire.

Natak avait l'impression de poursuivre une des images flottantes de ses rêves anciens. Mikiju avait disparu. D'un coup, elle avait été chassée de son corps, de son cœur, de ses pensées. Maïna occupait de nouveau tout l'espace. Il avait presque réussi à oublier combien il l'aimait, mais voilà qu'elle lui revenait, lumineuse et obsédante dans cette étrange nuit de fin d'hiver. Natak s'allongea à côté de Maïna et de ses bras qui avaient assommé, éventré et charrié tant de bêtes, il enlaça Maïna avec une tendresse infinie et frotta amoureusement son nez sur ses joues.

En la regardant, il comprit que quelque chose avait changé. Maïna ne plongeait plus ses yeux dans les siens comme pour atteindre, loin derrière, un monde qui lui échappait. Elle plantait son regard dans celui de Natak comme si c'était lui qu'elle cherchait, lui qu'elle avait espéré.

Neuf

Le soleil était de feu. L'hiver n'était pas fini, mais le ciel annonçait déjà le printemps. Sans les lunettes d'ivoire que lui avait sculptées Natak, Maïna n'aurait pas pu s'aventurer sur la banquise, car la neige brillait avec trop d'éclat. Ceux qui négligeaient de se protéger risquaient de ne plus jamais voir la lune mourir et les oiseaux voler.

Chez les siens, Maïna avait déjà porté un bandeau de cuir troué de minces fentes pour les yeux. C'était la seule protection connue des Presque Loups pour ces jours où la neige est trop lumineuse. Natak avait utilisé une défense de morse pour fabriquer des lunettes dont le contour était gravé de fins entrelacs. Maïna n'avait jamais rien vu d'aussi beau qui ne fût pas l'œuvre du Manitou. Les splendeurs du ciel, du vent, de la rivière ou des arbres l'avaient souvent émue, mais elle n'avait jamais été troublée par un objet. Natak semblait avoir transformé l'ivoire, cette matière lisse, pâle et inerte. L'objet ne perdait rien de son utilité, mais il semblait paré de pouvoirs nouveaux. Maïna songea que pour réussir à graver ces minuscules dessins dans le dur, Natak devait faire preuve d'une volonté étrange et d'une patience inouïe. Lui qui passait ses jours à chasser ou à fabriquer des armes, il avait sans doute voulu prouver qu'il n'était pas né simplement pour survivre, que d'autres désirs couvaient dans son ventre.

Depuis la tempête, Natak et Maïna avaient souvent chassé le phoque au trou, attendant, immobiles, des heures durant, malgré le froid atroce et le vent glacé, que les phoques viennent respirer dans l'un des minuscules orifices obstrués par le frimas. Natak était expert. Dès qu'il avait repéré un trou, il y déposait un minuscule flotteur, quelques poils d'ours attachés à un éclat d'os, et au moindre frémissement annonçant l'arrivée du phoque, il était prêt à brandir le harpon. Natak perdait rarement ses proies. Deux fois seulement, Maïna avait réussi à surprendre l'infime mouvement et à plonger le harpon juste à temps. Son premier phoque avait réussi à se sauver malgré la blessure infligée, mais elle avait assommé le deuxième et, avec l'aide de Natak, elle l'avait sorti de l'eau.

Cette fois, ils marchèrent longtemps sans que Natak cherche des trous. Ils avancèrent sur la neige amollie jusqu'à ce que leur parvienne la rumeur des phoques grognant joyeusement sous le soleil. Ils étaient nombreux à se prélasser sur la banquise, jamais trop loin du trou qu'ils avaient agrandi en grattant la neige pour se hisser hors de l'eau. D'un geste, Natak signala à Maïna de l'attendre, car elle n'avait jamais encore chassé le phoque à l'affût. Il s'allongea sur la neige mouillée et rampa lentement en surveillant le phoque le plus près de lui. La bête semblait dormir, mais elle levait régulièrement la tête pour s'assurer que rien ne la menaçait.

Les phoques voient mal, avait expliqué Natak, mais ils entendent tout. Aussi s'était-il muni d'un grattoir d'ivoire et, pour apaiser le phoque, pour lui faire croire que la masse mouvante, recouverte de la même fourrure que lui, n'était qu'un autre phoque griffant la neige, Natak grattait la surface dure tout en avançant. Maïna assistait, stupéfaite, à cette chasse rusée. Natak était maintenant si près du phoque qu'il pourrait bientôt le toucher. Maïna remarqua alors qu'il avait laissé son harpon derrière lui. Le phoque souleva la tête, inquiet. Maïna retint son souffle. Natak avait tenu compte du vent. L'animal ne huma pas l'odeur de l'homme, sa tête retomba paresseusement sur la neige fondante. Natak bondit sur l'animal et lui trancha la gorge d'un coup de couteau.

C'était un phoque annelé d'assez petite taille. Son beau pelage gris à reflets bleutés était paré de larges anneaux pâles. Tout à sa joie de cette prise obtenue sans trop d'efforts, Natak se choisit une autre bête et, au terme d'une progression prudente, il réussit encore à égorger l'animal. Il céda ensuite son couteau à Maïna, qui n'avait pour toute arme que le harpon de Tadlo. Sous le regard amusé de Natak, elle s'approcha lentement d'un phoque, imitant assez bien l'animal, mais à la dernière seconde, comme elle allait l'abattre, le phoque l'aperçut et se glissa prestement dans son trou.

Natak riait à gorge déployée, les mains pressées sur son ventre, comme si, de sa vie, il n'avait rien vu d'aussi drôle. Après un premier mouvement de colère, Maïna se laissa gagner par la bonne humeur de son compagnon et elle rit à son tour. Natak ressemblait à un petit garçon espiègle et moqueur et Maïna se demanda comment son compagnon avait pu lui inspirer tant de frayeur aux premiers jours de leur rencontre.

Un autre phoque se laissa prendre par Natak, mais, après, les bêtes semblèrent deviner la menace et plongèrent dans leur trou pour retourner à la mer. Natak chercha alors des niches sous la banquise. La saison où les phoques avortent était passée. Les femelles nourrissaient maintenant leurs petits dans des abris creusés sous la neige près des trous de respiration. Natak utilisa son harpon pour sonder la surface. De temps à autre, il frappait dans ce qu'il espérait être une niche et qui, aux yeux de Maïna, n'était qu'un lieu parmi tant d'autres sur la banquise. Soudain, à la surprise même de Natak, son harpon s'enfonça dans la chair d'une femelle invisible sous la neige. Il entendit les plaintes des petits et replongea hardiment son harpon à coups répétés.

Ils grattèrent ensemble la neige et découvrirent une grosse femelle maculée de sang.

Deux boules de fourrure blanche pendaient encore à son ventre. La mère et ses bébés étaient morts. Maïna pourrait coudre des empiècements blancs à sa prochaine tunique. Natak se pencha et détacha les petits de la femelle inerte puis il pressa ses lèvres sur les mamelles encore chaudes et but le bon lait gras, bien épais. Maïna l'imita, heureuse de ce repas imprévu, car ils n'avaient rien mangé depuis les restes de phoque cru avalés rapidement avant de partir. Pendant qu'elle buvait, Natak s'éloigna en cherchant d'autres niches.

C'est en relevant la tête que Maïna aperçut l'ours. Il avançait d'un pas nonchalant, son épaisse fourrure d'un blanc doré ballottant autour de lui comme un vêtement trop grand. C'était une bête énorme mais si pataude qu'elle paraissait inoffensive. L'ours atteignit un des phoques que Natak avait abattus. Il promena son gros museau sur l'animal, puis l'éventra d'un simple coup de patte. Maïna émergea de sa torpeur et cria, mais Natak était déjà loin. L'ours secoua la tête puis s'arrêta, alerté par le bruit. Ses narines humèrent alors le sang frais qui coulait de la femelle et des petits aux pieds de Maïna et il fonça vers elle.

Maïna eut tout juste le temps de récupérer son harpon, l'animal était déjà devant elle, grognant sourdement en la fixant de ses yeux noirs. Maïna retint son souffle, hypnotisée. Soudain, l'immense bête se dressa sur ses pattes de derrière. Une montagne rugissait devant Maïna.

L'ours s'élevait, haut et large, monstrueux. Ses pattes de devant colossales, suspendues dans le vide, griffaient d'invisibles proies et sa gueule découvrait des crocs atroces. Maïna fut prise d'un effroyable vertige et le harpon faillit glisser de sa main.

Des corbeaux croassèrent au-dessus de sa tête. Elle émergea alors de son envoûtement et lança le harpon. L'ours poussa un cri presque humain et retomba sur ses pattes, l'arme enfoncée dans sa gorge. Mais presque aussitôt, il poussa un grognement furieux et se remit en position d'attaque. Cette fois, Maïna n'avait rien pour l'affronter.

Elle sentit alors une poussée brutale. Son corps fut projeté sur la banquise. Natak s'était rué sur elle, il avait semblé surgir de nulle part, animé d'une rage démente. L'ours lui était apparu non pas comme un agresseur mais comme un rival prêt à lui ravir Maïna. Natak n'eut même pas peur en enfonçant son harpon dans la fourrure blanche. Il sentit l'haleine âcre de l'ours puis la brûlure dans sa propre chair lorsque l'animal retomba sur ses pattes, lacérant son dos au passage, avant de s'éloigner en chancelant pour aller mourir un peu plus loin.

Natak resta debout devant l'immensité vide. Il ne ressentait pas vraiment la douleur. Il revoyait Maïna, si petite devant l'ours géant. Et pourtant, elle avait brandi l'arme et frappé. L'étrangère avait affronté le regard de l'ours, celui qui partage les vrais hommes des faux. Des amis de

Natak, chasseurs habiles et courageux, étaient restés pétrifiés devant la bête rugissante, qui les avait éventrés d'un coup de patte. Maïna avait réussi à attaquer, elle avait osé.

Natak demeura silencieux pendant qu'ils débarrassaient l'ours de sa fourrure. Maïna tremblait comme une feuille d'automne. Il n'y avait rien à dire, que la peur à dompter. Même mort, même écorché, l'ours semblait redoutable. Il gisait maintenant dans la neige, comme nu, sa fourrure étendue tel un compagnon à côté de lui. Sa gueule était restée ouverte, ses pattes menaçantes, on l'aurait dit simplement assoupi. Il y avait quelque chose d'humain, de grave et de noble surtout, dans cette masse imposante de chair et de muscles : l'ours avait rendu l'âme en chassant, comme en rêvent tous les hommes.

— L'ours est comme l'homme, dit simplement Natak dans sa langue chantante alors qu'ils retournaient au campement.

Il venait de confirmer ce que Maïna avait déjà deviné à une multitude de détails, de mots, de regards et de gestes : l'ours était au peuple des glaces ce que le loup était à sa tribu. Natak avait offert de l'eau à la bête, puis il avait lancé son foie à la mer et chanté pour que son âme erre librement. Avant de le dépecer, il avait arraché des lambeaux de viande à chacune des pattes et les avait offerts à la maîtresse des mers.

Sur le chemin du retour, Natak découvrit qu'il était hanté par l'animal et il sut que ses rêves seraient perturbés. Il gardait en lui l'image du monstre devant Maïna, et cette scène le paralysait d'horreur. Lui qui s'était vanté de ne jamais trembler en songeant à l'ours blanc, il venait de perdre sa formidable assurance. L'étrangère qu'il avait prise pour femme continuait à bouleverser son existence et à le pousser aux limites de ce qu'il savait faire, comprendre et endurer.

Dix

À leur arrivée au campement, la nuit était tombée, tout semblait silencieux. Pourtant, en approchant de leur tente, Natak et Maïna perçurent des plaintes et des gémissements. Aalasi gisait nue sur une fourrure de phoque, son énorme ventre secoué par des contractions sauvages. L'eau ruisselait à ses tempes et ses yeux cherchaient désespérément quelque chose ou quelqu'un à quoi s'accrocher. Kuitsé et Tadlo avaient déserté l'abri dès le début du travail pour se réfugier dans une autre tente, car ce n'était pas une affaire d'hommes. Aputik voulut chasser son fils mais en apercevant, à la faible lumière du feu, la tunique déchirée dans son dos et les chairs meurtries, elle hésita. Natak décida lui-même de partir et Maïna voulut le suivre pour l'aider à soigner cette blessure, mais Aputik la réclama à ses côtés. Elle savait que Natak guérirait, mais le sort d'Aalasi était plus incertain.

Les trois femmes se retrouvèrent seules. Aputik massa le ventre d'Aalasi avec des gestes sûrs. Entre deux contractions, Aalasi plongeait dans un monde comateux. Maïna n'avait jamais assisté à une naissance, elle était surprise par la violence des douleurs d'accouchement. Aputik lui expliqua que ce qu'endurait Aalasi n'était pas habituel. Elle souffrait depuis le début du jour. Son tunnel s'était dilaté mais pas assez et il semblait ne pas vouloir s'ouvrir davantage.

Maïna comprit qu'Aputik lui témoignait une réelle confiance en la réclamant à ses côtés pour cette tâche difficile. Elle fut touchée par cette preuve d'acceptation. Aux yeux d'Aputik, elle appartenait donc véritablement à la tente de Tadlo, elle était bel et bien la compagne de Natak. La gorge serrée, Maïna se demanda jusqu'où l'entraînerait son aventure au pays sans arbres.

Aalasi se tordit de douleur, emportée par une contraction d'une intensité stupéfiante. La peau de son ventre était si tendue que Maïna craignit qu'elle n'éclate. La sœur de Natak semblait en proie à des souffrances atroces. Ses yeux agrandis roulaient en tous sens. Maïna craignit de ne pas savoir deviner les gestes qu'on attendait d'elle. En songeant qu'Aalasi pouvait sans doute mourir, elle découvrait combien elle était attachée à cette jeune femme. L'idée de la perdre lui parut intolérable. Et pourtant, au printemps ne devrait-elle pas la quitter quoi qu'il advienne?

— Si c'est une fille, je la donne aux chiens, cracha soudain Aputik en défiant Maïna du regard.

Et elle ajouta :

— Les filles valent moins que la crotte des chiens.

Aputik voulait la provoquer, Maïna en était sûre. Sous ses airs bourrus, la mère de Natak n'était pas mauvaise, elle avait simplement besoin d'exprimer sa rage. Il ne manquait pas de nourriture, il n'y aurait donc pas de raison d'éliminer un bébé fille. Les Presque Loups n'abandonnaient les fillettes qu'en période de famine. Mais à la grande surprise de Maïna, Aputik défendit vivement son projet de ne pas garder vivante une autre fille.

— Les filles mangent mais ne rapportent pas de bêtes, dit-elle.

Maïna protesta, mais Aputik refusa d'envisager la possibilité qu'une fille puisse chasser. Kuitsé avait besoin d'un fils à ses côtés, poursuivit-elle, et pendant toutes les années où Aalasi devrait allaiter l'enfant fille, elle serait empêchée de faire pousser un garçon dans son ventre, car les femmes ne gonflaient presque jamais tant qu'un enfant tétait leur sein.

— Si c'est un garçon, je le sauverai, promit Aputik. Si c'est une fille, je lui enfoncerai un bout de fourrure dans la bouche pour qu'elle cesse de respirer.

Elle avait, disait-elle, mis au monde de nombreux enfants. Elle savait comment tirer sur la tête ou même sur les pattes lorsque la petite chose restait bloquée dans le tunnel entre les cuisses d'une femme en travail. Elle avait aussi appris à détortiller le cordon autour du cou d'un bébé presque bleu. Mais, surtout, elle était parmi les meilleures pour simplement convaincre la petite chose de venir respirer une première bouffée d'air glacé. Aputik connaissait tous les chants sacrés.

Les gémissements étouffés et les plaintes aiguës d'Aalasi ponctuaient les paroles d'Aputik. Celle-ci semblait insensible aux douleurs de sa fille, parfois même elle laissait échapper un rire entendu comme pour dire qu'elle avait vu bien d'autres femmes se tordre de douleur devant elle. Mais Maïna savait qu'Aputik tentait de s'étourdir avec ses propres paroles et qu'elle craignait pour sa fille.

« Qui vaut plus qu'une crotte de chien? » eut envie de demander Maïna.

Aputik allait de plus en plus souvent fourrer sa tête entre les jambes d'Aalasi pour tâter de ses doigts la peau distendue autour du tunnel. Aalasi s'évanouit une première fois pendant que sa mère massait savamment son ventre trop dur en murmurant un chant monotone.

— Mauvais signe, tonna Aputik, pleine de colère. Si la chose vit, son existence sera aussi pénible et dangereuse que cet accouchement.

Maïna songea soudain qu'elle n'avait jusque-là servi qu'à absorber le flot de paroles d'Aputik. Elle se demanda ce qu'aurait fait Tekahera. Dans cette tente, il n'y avait ni herbe, ni feuille, ni branche, mais les enseignements de Tekahera n'étaient pas que cataplasmes, baumes et tisanes. Tekahera disait que le mal envahit aussi le cœur et qu'il ronge l'âme peu à peu. Les meilleures tisanes ne peuvent rien parfois. Il faut des gestes, des paroles. Et, surtout, l'assistance des esprits.

Maïna s'approcha doucement. Elle trempa un duvet d'oiseau dans de l'eau tiède et, tout doucement, elle rafraîchit les tempes d'Aalasi. Puis, elle humecta ses lèvres en les caressant du bout de ses doigts mouillés. Aalasi grelottait maintenant entre les contractions. Maïna la couvrit d'une bonne fourrure de caribou souple et chaude. Ces gestes semblèrent apaiser Aalasi, les contractions cessèrent, mais pendant un très bref moment seulement, avant de reprendre avec une violence inouïe. Heureusement, le tunnel s'élargit davantage cette fois, et bientôt une fourrure sombre apparut dans la cavité. Maïna étouffa un cri de joie et loua les esprits. Mais les contractions reprirent à une allure folle et avec une intensité fulgurante, sans que le tunnel s'ouvre davantage. Aalasi hurlait de douleur. Maïna avait l'impression de tenir un phoque, son bout de museau déjà hors de l'eau, sans pouvoir le hisser sur la glace.

Aalasi s'évanouit de nouveau. Elle avait atteint un état d'épuisement extrême. Lorsqu'elle rouvrit enfin les yeux, Maïna vit les larmes rouler sur ses joues. Aputik sembla perdre courage. Elle s'assit dans un coin, abattue, et chantonna sans grande conviction des airs tristes et graves. Maïna imagina le bébé pourrissant dans le ventre d'Aalasi. Elle aussi se sentait tellement impuissante. Il fallait pourtant agir avant qu'Aalasi glisse entre leurs mains. Maïna chercha du regard un objet, une chose. La tente contenait si peu de trésors. Le couteau d'Aputik accrocha le regard de Maïna. L'outil avait souvent tranché des chairs. De phoque, de morse, de caribou. Maïna le prit dans ses mains et caressa doucement la pointe de pierre acérée.

Aputik se tourna vers Maïna. Elle semblait accepter que l'étrangère s'empare de son arme. Maïna déposa quand même le couteau, indécise, et à ce moment même Aalasi poussa un cri hallucinant. Maïna sentit son cœur s'affoler. Elle prit le couteau et s'agenouilla aux pieds d'Aalasi. Les cheveux sombres et humides du bébé bloquaient toujours le tunnel. Tout autour la peau était très distendue. Maïna pressa fermement la pointe du couteau contre le bord de l'orifice, effleurant au passage la tête de l'enfant.

Le sang jaillit en même temps que le cri d'Aalasi. Maïna ne voyait plus que du rouge. Aalasi eut une nouvelle contraction foudroyante. Une masse poisseuse émergea entre ses cuisses. Maïna déposa le couteau qui avait servi à élargir l'ouverture et elle tendit les mains vers la tête. Aputik la bouscula et prit la relève. Quelques secondes plus tard, un bébé inerte sortit du ventre d'Aalasi. Aputik se jeta sur le petit paquet barbouillé de sang et, sans même chercher le sexe de la minuscule chose, elle lui lécha le visage, aspira les muqueuses du nez et de la bouche et les cracha. Puis, elle massa rapidement le petit animal et le secoua jusqu'à ce qu'il pousse un hurlement extraodinaire. Un aboiement merveilleux. Maïna eut l'impression de renaître.

— C'est un garçon, clama finalement Aputik.

Elle massa le ventre de sa fille jusqu'à ce que le placenta soit expulsé. La masse spongieuse échoua sur la fourrure de phoque.

— Tu le donneras aux chiens, ordonna Aputik, qui avait retrouvé toute son assurance.

Elle noua une lanière de cuir autour du cordon ombilical près du ventre de l'enfant et mordit d'un coup sec, rompant le lien qui avait uni l'enfant à sa mère.

Maïna se faufila hors de la tente et, à peine debout dans la nuit, elle cria de toutes ses forces :

— C'est un garçon ! Il est vivant !

Puis elle courut, ses longs cheveux battant l'air, les pieds glacés car elle avait oublié d'enfiler la double botte de phoque. Elle courut jusqu'à la côte et revint, le visage mouillé, les mains bleues, des algues plein les bras. Elle en aurait besoin pour soigner les chairs entaillées d'Aalasi et les griffures dans le dos de Natak.

Dans la tente, Aalasi tenait déjà le petit dans ses bras et la drôle de bête cherchait furieusement à s'emparer de son sein. Aputik rit et guida le bec vers la mamelle.

Onze

Manutabi luttait contre d'invisibles ennemis, tordant la peau de caribou qui lui servait de couverture, comme pour l'étrangler. Il lâcha finalement la fourrure, la repoussa, puis la saisit à deux mains en tirant de toutes ses forces pour la déchirer. Il s'arrêta soudain, haletant, la gorge sèche, le visage baigné de sueurs, et resta longuement immobile. Puis, tout doucement, il ramassa la peau dans ses bras et l'étreignit tendrement comme s'il s'agissait d'une chose rare et fragile.

— Manishkuesh ! souffla-t-il douloureusement.

Il s'éveilla devant le regard de Mastii, triste et silencieuse. Manutabi eut pitié de cette petite femme inquiète étendue à ses côtés, qui semblait prête à tout pour l'aider à vaincre ses fantômes. Malgré les gestes tendres de Mastii, malgré son corps chaud et docile, ses nuits restaient peuplées de cauchemars, toujours les mêmes. Manutabi soupira. Comment pourrait-il un jour chasser ces horribles souvenirs?

Depuis cette nuit où il avait plongé son arme dans le corps de Saito, les Presque Loups avaient mis bien peu d'efforts à trouver un coupable, sans doute parce que Saito leur avait toujours inspiré des sentiments confus. Manutabi savait que plusieurs le soupçonnaient de s'être vengé. Il n'y avait pas eu d'allusions. Que des regards, des silences, plus lourds de questions que de reproches.

Mais sans chef, sans chaman, les Presque Loups étaient soudain plus fragiles, plus démunis. Aucun homme ne semblait prêt à prendre la relève et un certain désœuvrement avait gagné la tribu. Les tâches étaient accomplies plus lentement, les hommes traquaient les bêtes sans ferveur. Manutabi était sensible au désarroi des Presque Loups. C'était comme un poids nouveau, ajouté à un fardeau déjà énorme de regrets, de honte, de culpabilité. Souvent, Manutabi rêvait aux grandes îles où il était né. Là-bas, le sang n'avait jamais jailli dans la fureur. Il n'y avait eu, depuis toujours, que des hommes affamés chassant bravement les bêtes. N'eût été de Maïna qui brillait comme un soleil de printemps au cœur des dernières saisons, Manutabi aurait souhaité tout recommencer, effacer les pas qui l'avaient mené de son ancien territoire jusqu'à celui des Presque Loups.

Mastii s'approcha et lui mordilla gentiment le cou. Manutabi songea à la prendre, mais un désir encore plus impérieux s'imposa soudain. Il eut brusquement envie d'exorciser les images qui le hantaient et il décida à cet instant de livrer son lourd secret.

—Je veux que tu saches, annonça-t-il soudainement à Mastii.

Il venait de décider de lui révéler la vraie histoire des hommes des îles, celle qu'il aurait tant voulu que Maïna connaisse mais n'avait pas osé lui dire de crainte qu'elle ne les méprise, lui et les siens, comme les Presque Loups méprisaient le peuple des glaces.

— Cet hiver-là, on aurait dit que le vent lui-même avait chassé tous les animaux, commença-t-il. Qu'ils étaient tombés dans la grande eau et qu'ils avaient tous sombré au fond.

Le peuple des îles n'avait jamais connu pareille famine. Tout le gibier important avait disparu. Beaucoup d'hommes et encore plus de femmes et d'enfants étaient morts affamés. La faim abrutissait les autres, elle voilait leur regard et leur tordait les entrailles. S'ils n'avaient pas enfin décidé de quitter ces îles où ils étaient tous nés, les derniers survivants auraient sans doute péri comme les caribous. Aussi se mirent-ils en route, laissant derrière eux les paysages qu'ils avaient pourtant si bien apprivoisés. Manutabi dit que son père savait dessiner sur la plage de sable chaque petite baie, chaque lac, chaque rivière de l'île qu'ils avaient toujours habitée.

Ils franchirent à pied la grande eau glacée et longèrent la côte à la recherche d'une rivière qui leur ferait une bonne route d'eau au printemps. En attendant la débâcle, ils vécurent presque uniquement de lièvres et de lagopèdes. Lorsque la glace craqua enfin, ils étaient maigres et épuisés.

Leur vie avait changé. Les hommes se battaient souvent entre eux, malgré leur évidente faiblesse. On eût dit qu'en quittant leurs îles ils avaient perdu le meilleur d'eux-mêmes. Un matin, l'un d'eux sortit un cadavre de sa tente. Il avait tranché la gorge de son compagnon, qui était leur chef à tous. Le meurtrier s'appelait Kuakush. Il réclama immédiatement le statut de chef. Les esprits lui avaient commandé de tuer pour le bien de tous, disait-il, et ils l'avaient désigné, lui, Kuakush, pour être celui qui décide.

Au printemps, dès qu'apparut l'eau libre de sa rivière, la tribu des îles se gava de longs poissons brillants. Ils n'avaient pas de canots, mais ils en trouvèrent dans des caches le long du cours d'eau et s'en emparèrent. Kuakush voulait qu'ils suivent l'étoile du Grand Caribou, celle qui mène vers le froid, car c'est là, disait-il, que se cachent les meilleurs troupeaux de caribous. Le long des premiers portages, ils croisèrent quelques caribous, mais ces bêtes étaient maigres et leur pelage criblé de trous creusés par d'innombrables larves ; aussi poursuivirent-ils leur route. Les insectes apparurent avec la chaleur. Ils envahirent la forêt en nuages si denses que le peuple des îles craignit une malédiction des esprits.

En route vers le nord, ils croisèrent quelques tribus et, de l'une d'elles, ils apprirent qu'il existait sur la côte, plus loin encore vers le froid, une petite baie aux flancs escarpés où des hommes étranges, au visage plat et rond, arrachaient au sol des pierres extraordinaires. Ils les taillaient pour fabriquer des armes magiques qui ne rataient presque jamais leur cible ; aussi souffraient-ils moins que d'autres de la faim et du froid. Kuakush décida que les esprits les avaient guidés vers ce territoire prometteur. Ils devaient s'y rendre.

Un peu avant la saison des petits fruits, ils franchirent la ligne de partage des eaux, là où de nouvelles rivières prennent naissance et courent vers d'autres grandes étendues. Il y eut d'interminables portages, les hommes croulaient sous le poids des canots et les femmes s'épuisaient à transporter armes, enfants et peaux. Kuakush cherchait la rivière qui coulait jusqu'à la baie des pierres.

Ils descendirent longtemps le cours d'eau choisi par leur chef et il faisait déjà froid lorsqu'ils atteignirent un mur de montagnes aux sommets enneigés. Le peuple des îles n'avait jamais vu de flancs aussi escarpés et hauts. C'était une barrière infranchissable. Un vent de révolte souffla parmi les hommes et les femmes, mais il était trop tard. S'ils avaient su s'opposer à Kuakush plus tôt, tout aurait été différent, mais renier leur chef, à cette étape, aurait été admettre que tous ces mois de misère avaient été inutiles. Kuakush annonça qu'il fallait contourner ces montagnes, ce qui représentait des portages exténuants entre les rivières, mais ils le suivirent malgré tout.

Et Kuakush avait raison. Au bout de leur route, ils aperçurent une baie ensoleillée et y découvrirent une pierre blanche, presque transparente et parcourue d'ombres qui, selon Kuakush, recelaient des propriétés secrètes.

Des hommes différents, parlant une langue étrange, campaient là. Ils étaient peu nombreux et leur installation semblait temporaire. Ils travaillaient cette pierre et tiraient de la mer des phoques énormes et d'autres bêtes plus gigantesques encore qu'ils mangeaient crus. L'arrivée de la tribu des îles ne sembla pas les inquiéter et lorsque les nouveaux venus se mirent eux aussi à extraire la pierre du sol, les hommes vêtus de phoque ne s'alarmèrent pas. Pourtant, Kuakush affirma qu'ils étaient dangereux, que les esprits leur conseillaient de s'en méfier.

La mer gela peu après l'arrivée du peuple des îles. Les vents glaciaux mordaient la chair des arrivants, moins bien nantis que les autres pour lutter contre le froid. Il n'y avait pas l'ombre d'un caribou et les hommes n'avaient pas les armes nécessaires pour arracher des phoques à la mer. Plusieurs suggérèrent qu'ils se joignent à ceux qu'ils appelaient la tribu du phoque. Ils semblaient pacifiques et possédaient le savoir et les outils pour survivre dans ce nouveau territoire.

Kuakush fit ériger une tente tremblante sur la banquise et, au terme d'un long conciliabule avec les esprits au cours duquel ses cris dramatiques et les mouvements saccadés de la tente impressionnèrent beaucoup, il annonça qu'ils avaient pour mission de se battre. Cela n'avait sans doute aucun sens, mais le peuple des îles avait beaucoup souffert et une rage sourde mêlée de peur grugeait les hommes. Ils acceptèrent donc cette curieuse proposition.

Pour refaire leurs forces avant l'attaque, ils pillèrent, comme des charognards, les carcasses de phoque échouées sur la plage et ils épièrent attentivement l'autre peuple afin d'apprendre ses techniques de chasse, car il faudrait survivre après la bataille. En secret, ils préparèrent l'affrontement, utilisant les nouvelles pierres pour améliorer leurs armes.

Sans Kuakush, ils auraient peut-être tous péri au cours de cette horrible bataille, mais ce dernier eut l'idée d'une armure qui les protégerait des coups de ceux qu'il nommait les ennemis. Les hommes trempèrent leur tunique dans de l'huile de phoque puis ils se glissèrent sous la banquise et se roulèrent dans le sable. Le soleil et le froid fit raidir leur vêtement, le transformant en une cuirasse si dure qu'une pointe de couteau ne pouvait la traverser.

Ils attaquèrent de nuit. Armés de couteaux et de lances, ils écartèrent les peaux de phoque recouvrant les tentes de l'ennemi et plantèrent sauvagement leurs armes dans les corps endormis.

—Le sang semblait jaillir de partout, dit Manutabi.

Dans l'obscurité, ils ne voyaient pas le visage de leurs victimes. La pointe de leurs armes atteignait aussi bien le cœur que le ventre ou la tête. Les enfants poussaient des cris épouvantés. Après un premier moment de panique, les hommes du peuple des glaces saisirent leurs armes et contre-attaquèrent. C'étaient des guerriers redoutables. Ils étaient forts, vifs et impitoyables.

— J'avais une femme... Manishkuesh... dit Manutabi. Elle n'avait pas de cuirasse. Ils l'ont ouverte comme un animal, sans même l'assommer avant. Elle remuait encore lorsqu'ils ont dévoré ses entrailles.

Manutabi venait de tuer plusieurs hommes et sa lance allait crever la poitrine d'un enfant à ses pieds lorsqu'il aperçut Manishkuesh. Elle était là, tout près. Le sang coulait déjà de son ventre. Manutabi resta figé de stupeur. Son arme tomba de sa main et l'enfant à ses pieds s'enfuit. D'un coup, il se sentit vidé de toute la violence qui l'habitait. Il eut l'impression de s'éveiller brusquement au milieu d'un cauchemar, découvrant, écœuré, le massacre auquel il avait participé.

Il courut, abandonnant tout derrière. Une poignée d'hommes le rejoignit à la rivière au fond de la baie. Sans un mot, ils fuirent sur cette route gelée. Deux d'entre eux moururent pendant l'hiver. Les autres survécurent en endurant de terribles supplices. Plusieurs fois, Manutabi songea que s'ils n'avaient pas connu pire, s'ils n'avaient pas échappé à l'atroce tuerie, ils auraient peut-être succombé à la faim et au froid. Mais ces souffrances leur semblaient moins effroyables après le massacre de la baie des pierres. Les hommes des îles n'avaient jamais connu la guerre, ce qu'ils venaient de vivre les avait transformés à jamais. Ils ne verraient plus jamais le ciel, ni la forêt, ni l'eau de la même manière.

Manutabi arrêta son récit. Il était heureux que l'abcès soit crevé, que la douce Mastii de la tribu des Presque Loups connaisse la véritable histoire des hommes de la tribu des îles. Mais une pointe d'inquiétude le taraudait. La pierre blanche leur avait porté malheur. Aurait-il mieux valu enterrer cette histoire, oublier les morts, ne rien dire de cette baie secrète afin que nul, jamais, ne s'y aventure? L'histoire ne risquait-elle pas de se répéter? Qui sait si d'autres avant eux n'avaient pas déjà tué pour conquérir cette même pierre?

Mastii resta encore un long moment suspendue aux lèvres de Manutabi. Puis, elle soupira. Elle aurait tant souhaité que Manutabi ne s'arrête pas. Son histoire lui semblait aussi extraordinaire que les légendes de Tekahera peuplées de personnages effroyables et immenses. Mastii effleura de ses doigts le collier de coquillages à son cou. Elle s'imaginait déjà parée de quelques éclats de cette pierre précieuse.

Douze

Quelques jours après la naissance de son fils, Aalasi sortit de la tente avec Kuitsé et retira le bébé endormi dans son capuchon. Le faux printemps s'était évadé, il faisait de nouveau très froid. Maïna, qui s'était prise d'affection pour le petit être, eut brusquement peur qu'Aalasi et Kuitsé ne l'abandonnent au vent glacé. Pourtant, depuis sa naissance, il avait semblé leur procurer beaucoup de joie.

Kuitsé étendit une fourrure de renard sur la neige dure et y coucha l'enfant nu. Aalasi et lui retournèrent alors à la tente. Affolée, Maïna supplia Aalasi de remettre l'enfant dans son capuchon.

— Il doit prouver qu'il est homme, répondit doucement Aalasi, et Maïna soupçonna qu'il s'agissait d'un rituel auquel tous les bébés étaient soumis.

Le tout-petit hurlait, seul sur la banquise, et à mesure qu'augmentaient ses cris, le sourire sur les lèvres de Kuitsé et d'Aalasi s'élargissait. Ils étaient fiers de leur fils qui luttait bravement, pour la première fois, contre le froid. Maïna observa aussi Natak, Tadlo et

Aputik. Ils semblaient tous transformés depuis l'arrivée du bébé. Natak le prenait souvent dans ses bras et il lui chantait des histoires où il était beaucoup question de phoques et de morses. La veille, Kuitsé et lui avaient chassé longtemps pour rapporter un renard argenté. Ils s'étaient donné tout ce mal simplement afin de pouvoir déposer un morceau d'intestin sur chacun des pieds de l'enfant. Aalasi avait expliqué que les tripes de renard permettraient à l'enfant de courir vite.

Aputik prétendait être insensible aux hurlements du petit dans la neige, mais Maïna remarqua que ses mains s'impatientaient. Elle, si habile à travailler duvets et fourrures, piquait de travers en grommelant. Elle confectionnait un bonnet en peau de corbeau pour l'enfant, ce qui, assurait-elle, ferait de lui un chasseur rusé, mais l'ouvrage n'avançait guère depuis que son petit-fils s'époumonait à tous vents.

Les hurlements cessèrent brusquement. Maïna réussit de justesse à étouffer un cri d'alarme. Ils accueillirent tous ce silence avec inquiétude, mais nul ne se leva. Attendraient-ils que le petit cesse de bouger avant de le secourir? s'alarma Maïna. Fallait-il le laisser souffrir jusqu'à ce que disparaisse le soleil? L'angoisse de chacun semblait palpable. Ils attendaient quelque chose, Maïna le sentait, mais quoi? Soudain, après un moment qui parut interminable, l'enfant se remit à crier et ils bondirent tous hors de la tente.

C'était le signe attendu. Il avait fallu que l'enfant souffre, qu'il s'épuise et qu'il prouve ensuite qu'il lui restait assez de force et de courage pour lutter encore.

Kuitsé fit valser son fils dans les airs. Puis l'enfant voyagea de l'un à l'autre dans un concert d'effusions joyeuses jusqu'à ce que Aputik, après une brève hésitation, le tende à Maïna, que ce geste émut profondément. En secret, elle supplia l'esprit des loups de veiller sur ce petit garçon.

Ce jour-là, ils donnèrent à l'enfant le nom du père d'Aputik, Ugliuk. Ainsi, l'âme d'Ugliuk cesserait d'errer dans la toundra et de gémir les soirs de tempête. Ugliuk pourrait enfin revivre dans ce corps de petit homme. Aputik en fut soulagée et, pendant que Tadlo faisait l'éloge d'Ugliuk, elle admit à Maïna que sans son aide elle n'aurait sans doute jamais entendu crier son petit-fils.

Pour célébrer les premières prouesses d'Ugliuk, ils mangèrent de la viande faisandée d'une puanteur incroyable. Maïna refusa la part qu'on lui tendit, ce qui déplut à tous, mais Natak remarqua que les joues de sa compagne étaient pâles et son regard fiévreux. Il le dit à Aputik, qui pardonna plus facilement à Maïna de ne pas participer pleinement à la fête.

Tout le reste du jour, la tente de Tadlo fut envahie par les visiteurs. Il s'était écoulé suffisamment de jours depuis la naissance, Aalasi n'était plus impure, les hommes des autres tentes pouvaient l'approcher sans que cela nuise à leurs chasses futures. Ils avaient entendu les cris du petit et venaient féliciter les parents. Pour manifester leur admiration et leur joie, les visiteurs frottaient leur nez sur les joues d'Aalasi et de Kuitsé.

Les hommes s'approprièrent l'avenir de l'enfant. Ils discutèrent longuement de tout ce qu'il faudrait enseigner au petit homme pour qu'il réussisse un jour à rapporter du phoque.

— Je lui fabriquerai un arc et des flèches à sa taille, promit Tadlo. Il pratiquera son tir en visant des ours sculptés dans la neige.

— Il apprendra à avancer sans bruit sur la banquise et à parler tout bas pour ne pas alerter les mauvais esprits, ajouta Natak.

— Au prochain phoque tué, nous lui donnerons du foie cru. Aalasi mâchera la viande avant d'en cracher un peu dans la bouche du petit, décida Kuitsé.

— À son premier hiver, il apprendra la faim. Au suivant, il marchera et à l'autre encore, nous lui donnerons une petite charge à porter, dit encore un autre.

Maïna entendit toutes ces promesses dans un brouillard de sons. Elle s'endormit dans un coin pendant que les hommes parlaient de plus en plus fort et que les femmes riaient doucement chaque fois que l'enfant gazouillait, remuait ou ouvrait un œil.

Cette nuit-là, le vent souffla fort sur les tentes de peau. Maïna grelotta, incapable de se réchauffer, même blottie contre Natak. Au matin, elle eut du mal à se lever. Depuis la naissance d'Ugliuk, elle était chargée d'allumer le feu avant que les hommes partent chasser. Natak eut envie d'elle lorsqu'il la sentit remuer sous les fourrures. Il voulut la mordiller un peu pour qu'elle sache son désir, mais Maïna tourna vers lui un regard vide et Natak n'eut pas envie de poursuivre.

Elle se leva, mais à peine eut-elle commencé à remuer les cendres de la veille qu'elle sentit son estomac se soulever. Elle se précipita hors de la tente et Natak l'entendit vomir. Une joie insensée monta en lui alors qu'il imaginait déjà une minuscule chose vivante dans le ventre de Maïna. Peu de temps après, il sut qu'il s'était réjoui pour rien. Aputik pétrissait le ventre de Maïna de ses mains expertes à déceler ces changements et elle ne sentait rien.

— Je t'avais averti. Cette femme ne pourrait même pas enfanter un pou, dit-elle.

Natak grogna, heurté par ces paroles. Il avait peur, terriblement peur qu'Aputik n'ait raison. Et si Maïna était incapable de lui faire un fils? Natak rejeta cette crainte d'un grand geste de la main avant de s'approcher de Maïna. Le visage de celle-ci était brûlant, ses yeux noyés dans un brouillard d'eau. Natak oublia le petit être auquel il avait rêvé pour ne plus penser qu'à Maïna. Elle venait de se rendormir sous les fourrures, mais des lamentations troublaient son sommeil comme si elle souffrait d'un mal obscur.

Elle se mit bientôt à délirer, dans cette langue que Natak n'avait pas entendue depuis longtemps. Il se souvint de leurs premières nuits, des mots tendres qu'elle semblait adresser à un autre. Il se rappela aussi la fragilité de Maïna et cette crainte effroyable qu'il avait eue de la voir mourir.

Il partit chasser quand même. Ce n'était pas le premier matin que Maïna ne l'accompagnait pas. Elle devait souvent rester pour coudre des peaux mais, cette fois, Natak sentit plus que d'habitude son absence et il chassa distraitement, sans grand succès. À son retour, Maïna n'allait pas mieux. Elle avait encore vomi et son corps refusait même l'eau. La fièvre avait diminué un peu pendant le jour, mais elle venait de reprendre avec plus de vigueur encore. Aputik se plaignit de ne pas avoir eu d'aide depuis le matin, visant ainsi Maïna. Natak vit sa mère s'approcher de celle qu'elle appelait encore souvent l'étrangère. Aputik chercha les battements de cœur en promenant ses gros doigts sous la tunique de Maïna, puis elle approcha l'eau de ses lèvres et décolla les mèches noires plaquées sur son front. Natak comprit qu'Aputik soignerait bien la femme qu'il aimait.

Il neigea un peu, puis le froid se fit encore plus mordant. Maïna semblait incapable de livrer bataille à ce dernier morceau d'hiver. Elle n'avait rien avalé depuis des jours et son corps était tour à tour couvert de sueurs puis glacé. Elle semblait étrangère aux activités dans la tente sauf parfois au retour de Natak. Un triste sourire illuminait alors faiblement son visage, ce qui signifiait qu'elle l'avait reconnu.

Parfois aussi, les petits chiens réussissaient à tirer Maïna de sa torpeur. Le jour où elle avait vomi pour la première fois, le frère de Kuitsé s'était présenté à leur tente avec deux chiots. Ils étaient nés presque en même temps qu'Ugliuk, seuls survivants d'une triste portée, les autres étant sans doute trop faibles, car la mère avait beaucoup faibli pendant la longue tempête. Les chiots risquaient de mourir à leur tour, car la chienne ne pouvait plus les nourrir, son maître ayant oublié de protéger ses mamelles avec un morceau de fourrure la veille. Les tétines avaient gelé, durci et crevassé, et le lait ne coulait plus. La tribu avait grand besoin de chiens pour la chasse au trou ; aussi Aalasi accepta-t-elle de laisser boire les chiots à son sein le temps qu'ils grossissent un peu.

Parfois, en émergeant de sa fièvre, Maïna contemplait ces deux boules de fourrure qui trottaient dans la tente. Celui dont le pelage était plus sombre et le regard presque doré venait parfois dormir dans son cou et Maïna l'accueillait avec une joie évidente. Natak le remarqua. Il songea alors que Maïna avait peut-être surtout mal à l'âme, un peu comme lui avant de la rencontrer. Il avait tant de fois déjà surpris le regard de sa compagne errant sur la banquise.

— C'est trop immense, lui avait-elle déjà confié.

Maïna semblait désemparée par l'absence de frontière. Son regard fuyait, incapable de s'accrocher à quoi que ce soit. Elle avançait souvent sur la neige dure sans entendre les bruits multiples qui trouent le silence du pays sans arbres. Natak aurait voulu lui expliquer ce territoire de pierres, de mousse et de glace, le lui faire aimer et comprendre. Il ressentait une véritable urgence de parler, car il craignait que le mal du pays ne la ronge, mais elle était trop enfoncée dans ses songes pour l'entendre. Il eut souvent envie de l'arracher à ses fourrures et de la charger sur son dos, de l'entraîner plus loin encore dans ce désert de glace pour lui faire contempler les paysages avec ses yeux à lui, Natak.

Il se serait agenouillé sur la banquise, à côté d'elle, et il aurait tracé un soleil dans la neige, comme son père l'avait fait pour lui. Il serait resté silencieux à ses côtés pendant qu'elle aurait exploré lentement pendant tout un jour, comme il l'avait fait enfant, l'univers secret contenu dans ce soleil de neige, ses cristaux aux couleurs extraordinaires, ses bruits, ses ombres, tout ce qui le peuplait. Elle devrait découvrir le jaune, le bleu, le vert, le gris, le noir aussi, dans la fausse blancheur de la neige et coller son oreille contre ce sol froid pour écouter le concert de craquements et de gémissements, de plaintes et de soupirs, ce chant magnifique et grave qui le chavirait tant. À l'entendre, on ne pouvait s'empêcher de croire que Sedna, la maîtresse des mers, gardait une foule de prisonniers dans sa longue chevelure emmêlée. C'étaient leurs voix enchevêtrées qui parvenaient jusqu'aux oreilles de ceux qui savaient écouter.

Mais Maïna venait peut-être d'un pays trop différent. Elle ne réussirait peut-être pas à voir, à entendre et à deviner tout ce que la banquise et la toundra recèlent. Qu'à cela ne tienne, pour l'aider à mieux vivre, il lui révélerait encore d'autres visages du pays de glace. Les fjords, plus loin, leurs falaises étourdissantes et leurs cours d'eau tortueux. Ou, encore, ces vallées étroites où poussent des fleurs qui n'existent sans doute pas ailleurs. Et même, si tel était son vœu, il referait avec elle le voyage jusqu'aux redoutables montagnes qui barrent le chemin vers la baie des pierres.

Natak souffla doucement dans les cheveux de Maïna. Elle émit quelques bruits sans véritablement quitter ses songes et Natak se sentit terriblement impuissant. Pris d'une soudaine colère, il cria :

— GUÉRIS !

Aputik s'approcha avec un gobelet en peau de phoque. Elle avait fait fondre de la graisse pour que Maïna en boive.

— Sans graisse, nous mourrions tous, expliqua Aputik à son fils d'un ton sévère. Ta femme n'en prend jamais. N'as-tu pas remarqué? Il faut beaucoup de graisse et beaucoup d'eau pour faire descendre la viande de phoque. Sinon, on s'empoisonne. Les mères le savent, elles guettent leurs enfants. Si tu veux que ta femme vive, fais descendre du gras dans son ventre.

Pendant toute cette nuit, Natak fit couler lentement l'huile entre les lèvres de Maïna, à si petites gouttes qu'elle s'en aperçut à peine. Au matin, elle avait tout avalé.

— Aputik a sûrement un peu raison, songea Natak.

Maïna n'avait pas l'habitude de leur nourriture. Lorsqu'il l'avait recueillie dans la neige, elle ne réussissait même pas à avaler le phoque, mais son estomac acceptait la viande de caribou, surtout lorsqu'elle était cuite.

Il partit après avoir allumé un feu pour les siens et marcha pendant deux jours, s'arrêtant seulement pour sommeiller quelques instants dans la neige. Le soleil brillait plus longtemps désormais, les nuits étaient moins obscures. Natak finit par trouver des traces de caribou. Il sut alors que les esprits l'accompagnaient, car en cette saison il aurait pu marcher des semaines sans croiser cette bête.

Au campement, tous furent surpris de le voir revenir en tirant un demi-caribou. Pourquoi chasser cet animal quand les phoques étaient nombreux? À l'automne seulement, ils tuaient le caribou parce que sa fourrure était supérieure à celle du phoque pour les protéger du froid la nuit.

Natak abandonna le caribou devant leur tente et il repartit tout de suite. Kuitsé l'accompagna cette fois. Ils ramassèrent tout ce qui pourrait nourrir un feu : mousse, branches, brindilles et excréments. Ce soir-là, Maïna eut du caribou grillé à se mettre sous la dent. L'odeur de viande l'éveilla et, pendant quelques secondes, elle eut l'impression d'être de nouveau dans la forêt des Presque Loups. Puis elle vit Natak, fourbu, gelé, ravagé par l'inquiétude. Les flammes de leur feu étaient bien plus chaudes et hautes que d'habitude. Il avait même fallu éloigner quelques fourrures de crainte qu'elles ne prennent feu. Un bout de bois à la main, Aputik faisait griller un morceau de viande pour la compagne de Natak.

Maïna connaissait assez le pays de Natak pour savoir ce qu'il lui en avait coûté pour ramener cette viande et allumer ce feu. Elle imagina les gestes, les efforts, la fatigue, le froid. Elle vit, comme dans un songe, Natak fouillant la toundra, tirant la bête, et brusquement, quelque chose en elle, comme un barrage, céda, libérant l'eau. Des larmes coulèrent lentement sur ses joues.

Elle se redressa péniblement. Aputik lui offrit la viande juteuse et chaude. Maïna sentit quand même son estomac se révolter, car elle n'avait rien avalé depuis trop longtemps. Elle mastiqua très lentement et fut vite gagnée par le sommeil, mais Aputik la força à rester assise pour boire de l'eau tiède et avaler de la graisse fondue. Maïna n'eut pas le courage de protester tant Aputik semblait décidée.

Maïna

Le lendemain, à son réveil, Maïna avait faim. Elle mangea du caribou puis Aputik lui servit encore de l'eau, de la graisse et un petit morceau de phoque cru afin qu'elle s'habitue. Maïna réussit ensuite à se lever et à marcher un peu. Elle s'approcha d'Aalasi et vit qu'Ugliuk suçait un morceau de phoque, visiblement heureux.

Natak repoussa une peau pour entrer dans la tente. Kuitsé avait démoli le tunnel d'entrée car le soleil était chaud, la neige allait bientôt fondre. Natak s'approcha de Maïna. Elle posa sur lui son regard de mousse, de roc et de sable. Ses yeux paraissaient immenses dans son visage amaigri. Natak se pencha pour frotter son nez contre sa joue et lui mordiller tendrement le cou, mais Maïna le repoussa gentiment. Elle avait vu quelque chose bouger sous la tunique de Natak. Il rit de sa surprise et Aputik, Tadlo, Aalasi et Kuitsé se joignirent à lui. Maïna voulut fouiller sous le vêtement, mais Natak fit durer l'attente, trop heureux de la découvrir de nouveau si vivante, pleine de curiosité et de désirs. Finalement, Maïna se jeta sur lui et extirpa une boule de fourrure sombre au regard doré de sous sa tunique.

— C'est à toi, dit Natak.

Maïna sentit son cœur danser. Elle cueillit le petit chien, ébouriffa son pelage et l'admira longuement.

— Il y a du loup en lui, parvint-elle seulement à dire, la voix tremblante d'émotion.

Treize

Ils quittèrent la banquise pour installer un nouveau campement non loin de la côte, au bord d'un lac où poussaient des saules bas et des bouleaux nains dont les bourgeons perçaient timidement la neige. Iktu, le petit chien de Maïna, la suivait partout, éternellement affamé et joyeux. Elle pêcha pour lui, dans un bassin d'eau libre à la source du lac, et lui prêta sa peau de loup pour qu'il n'ait pas froid la nuit. Le soir, Iktu hurlait à la lune, comme les loups.

Un matin, très tôt, il trotta derrière elle jusqu'à la banquise et hésita un peu avant de la suivre dans une fissure pour aboutir sous la glace, dans une sorte de caverne humide et bleue. Maïna cueillit des coquillages et dégusta la chair moelleuse, puis elle s'assit sur une grosse pierre noire. Depuis qu'elle y était venue une première fois arracher des algues pour les pieds de Tadlo, elle avait envie de mieux connaître cet espace fascinant. En se glissant dans ce trou sous la banquise, elle avait l'impression de plonger dans le pays de Natak, ce royaume de glace, à la fois redoutable et attirant. Elle resta longtemps immobile à apprivoiser les bruits, les couleurs, les odeurs aussi, d'eau, de sable, de sel, de poissons, de coquillages et d'algues.

Iktu aboya soudain et Maïna vit surgir Natak. Il était venu trouver refuge dans ce ventre glacé si près de la mer, sans savoir que Maïna s'y trouvait déjà. Natak caressa Iktu. Il s'assit près de Maïna et resta longtemps silencieux, bercé par le ronflement de la marée montante. Puis, sans préambule, il raconta la légende de Sedna, la maîtresse des eaux, celle qui dormait dans les profondeurs noires de la mer.

— Elle est née bien avant les phoques, les baleines, les narvals et les morses, commença Natak.

Le jour où elle était devenue femme, Sedna s'était éprise d'un cygne siffleur qui parcourait inlassablement le ciel. Devinant sa fille prête à le quitter pour un oiseau enchanteur, Anguta, le père de Sedna, partit avec elle dans un petit bateau de bois, espérant ainsi l'éloigner du cygne qui avait ravi son cœur. Mais des jours plus tard, l'oiseau magnifique les suivait toujours et Sedna gardait les yeux rivés au ciel. Alors Anguta se fâcha et il décida d'abandonner sa fille à la mer plutôt que de la laisser partir avec cette créature ailée qui, à l'arrivée de l'hiver, fuirait vers d'autres cieux.

Anguta jeta sa fille par-dessus bord, mais la pauvre s'accrocha désespérément à l'embarcation, alors Anguta lui trancha les doigts et elle sombra dans l'eau noire. Ses phalanges se transformèrent en animaux de mer, phoque, morse, béluga, narval, orque... Ils rejoignirent Sedna et se multiplièrent. Les hommes apprirent alors à chasser ces créatures.

— Sedna sait que les descendants de son père se nourrissent de la chair de ses seuls compagnons ; aussi parfois, pour se venger, elle retient les bêtes prisonnières dans ses longs cheveux qui sont très emmêlés car elle n'a plus de doigts pour défaire les nœuds. Nous sommes esclaves des humeurs de la maîtresse des mers. Il faut apprendre à apaiser ses colères.

Natak se tut. Maïna s'arracha lentement aux profondeurs marines où il l'avait entraînée. Puis, sans réfléchir, comme mue par un secret instinct, Maïna ouvrit la pochette à son cou et elle raconta à Natak l'origine de chacun de ses trésors : le bout de cordon, le morceau d'oreille de caribou, la plume de corbeau... Pour qu'il comprenne, elle dut décrire la forêt des Presque Loups et la grève de pierres noires au bord de la grande eau. Elle lui parla de Tekahera, de Mishtenapeu, de Mastii, et de Saito aussi. Lorsqu'il ne resta plus, dans sa main, que la pierre blanche qu'il lui avait déjà arrachée, cette pierre que Manutabi lui avait donnée avant qu'elle aille s'allonger dans la fosse où les loups l'avaient appelée, Maïna hésita. L'eau sombre était calme dans les yeux de Natak. Maïna plongea.

En cherchant parfois les mots, elle lui raconta l'arrivée de la tribu des îles et l'émotion qu'elle avait ressentie en découvrant Manutabi. Elle lui expliqua leur projet de fuite et la décision soudaine de Manutabi de ne pas l'accompagner tout de suite. Elle ne dit rien de l'appel des loups, car nul ne devait connaître son esprit tutélaire, mais elle décrivit sa marche devant les hommes avant l'initiation et ce moment magique où Manutabi avait fait rouler la pierre jusqu'à ses pieds.

Maïna remarqua l'extrême pâleur de Natak et elle fut prise d'inquiétude. Il lui demanda si elle avait déjà visité la baie où dorment ces pierres. Trois fois, il lui fit répéter sa réponse et au dernier «non» de Maïna, il sembla si heureux qu'elle éclata de rire et voulut comprendre ce qu'il savait de ce roc. Mais Natak refusa de répondre. Il étreignit Maïna, la serrant si fort dans ses bras qu'elle finit par protester et Iktu se porta à sa défense en aboyant furieusement.

Natak retira sa tunique de phoque et son pantalon d'ours. Les fourrures tombèrent sur les pierres glacées. Maïna sentit une sève chaude sourdre de son ventre et irriguer tous ses membres. Elle ne ressentait ni l'humidité, ni le froid et ne songeait plus à l'étrange pierre. Seul comptait désormais le corps dur et chaud de Natak. Elle retira ses vêtements et s'allongea sur le petit paquet de fourrures. Ils s'aimèrent sauvagement pendant que la mer continuait d'enfler.

Les jours suivants, le printemps s'installa définitivement et au silence de l'hiver succéda le vacarme des oiseaux de mer. La neige fondit, révélant le vrai visage de la toundra, ce chatoiement de gris, d'ocre, de sable et de bistre que Natak redécouvrait sans cesse dans le regard de Maïna. Les oies s'éparpillèrent, semant une multitude de taches blanches sur le sol désert, et les goélands inondèrent le ciel de leurs cris furieux. Les fulmars se remirent à planer au-dessus de la mer et les sternes à traverser le ciel, de la terre à l'eau, leur bec rouge sang tel un flambeau guidant leur vol.

Maïna assista, éblouie, à cet extraordinaire spectacle d'un pays aux transformations si brutales. Elle avait l'impression d'avoir migré, comme les oiseaux, dans un territoire nouveau. Des rages soudaines ébranlèrent la banquise qui, dans un fracas de tonnerre, se détacha de la côte. La glace franche se tordit et se lézarda, les phoques vinrent respirer dans ces larges fentes et Natak fulmina lorsqu'il les vit se chauffer au soleil sur de larges glaces flottantes trop éloignées pour qu'il les atteigne.

Le soleil incendia la toundra, ses pierres devinrent brûlantes. Les jours s'allongèrent et la lumière crue, chaude et aveuglante, fit fondre les dernières glaces des rivières, qui se remirent bientôt à courir vers la mer. Le peuple des glaces redevint, pour quelque temps seulement, le peuple de la toundra. Hommes, femmes et enfants se laissaient étourdir par les parfums capiteux de terre humide, de pourriture, d'eau salée et de plantes naissantes. Une sorte de folie, exubérante et joyeuse, s'emparait de l'univers.

Trop occupés à s'accoupler en caquetant bruyamment, les lagopèdes se laissèrent bêtement capturer à mains libres et les querelles des goélands autour des femelles emplirent le ciel de cris stridents. Les lièvres, dont la fourrure était encore blanche, s'immobilisaient à l'approche des humains, attendant le moment propice pour filer sur ce sol où ils n'arrivaient plus à se camoufler. Les femmes abandonnèrent les aiguilles d'os et les peaux pour chercher des œufs dans la toundra. Les enfants couraient devant en éclaireurs, criant de plaisir lorsqu'ils découvraient un nid d'eider aux coquilles striées de vert enfouies sous des plumes duveteuses. Tous gobaient de grandes quantités d'œufs crus.

Maïna et Aalasi suivirent Natak et Kuitsé dans une longue expédition jusqu'à d'extraordinaires falaises noires envahies par les mouettes, les fulmars et les guillemots. De loin, Maïna entendit le tapage infernal des oiseaux, mais elle fut quand même surprise de les découvrir si nombreux. Le roc disparaissait sous les plumes et la multitude d'ailes brouillait le ciel au-dessus de l'eau.

Aalasi dénicha un œuf de fulmar, creva la coquille du bout d'un doigt et fit goûter l'épaisse substance aigrelette au petit Ugliuk qui se trémoussait dans son capuchon. Maïna fouilla elle aussi les fentes, les saillies et les creux dans la falaise jusqu'à ce qu'elle ne puisse plus avaler un autre œuf. Elle chercha alors Natak mais découvrit plutôt Kuitsé, debout sur un éperon rocheux à une hauteur qu'elle jugea fort téméraire. Aalasi, que ces prouesses n'émouvaient guère, se moqua un peu de Maïna qui l'avait alertée et pointa un doigt vers le sommet de la falaise. Maïna distingua une forme mouvante, comme un gros oiseau accroché au roc. Elle poussa un cri. C'était Natak.

Il avançait en équilibre précaire, suspendu dans le vide sur une corniche très étroite. Maïna lui hurla de revenir pendant qu'Aalasi riait de bon cœur. Mais la frayeur de Maïna devint si grande qu'Aalasi eut pitié et, avec des mots que Maïna ne connaissait pas, elle réclama que son frère redescende. Natak obéit, mais à mi-chemin, alors qu'il était encore beaucoup plus haut que Kuitsé, il balança un bras et une jambe dans un geste de bravade destiné à faire trembler Maïna. Elle cria si fort cette fois que des nuées d'oiseaux foncèrent vers le ciel.

Lorsque Natak sauta enfin sur le sol moussu, elle le roua de coups, ce qui déclencha un concert de rires. Natak, Aalasi et Kuitsé se calmèrent finalement et Maïna ravala sa colère, mais des éclairs dorés fusaient encore dans ses yeux de sable. Natak comprit qu'elle avait eu peur, terriblement peur de le perdre, lui, Natak. Cela lui sembla si merveilleux qu'il se sentit submergé par un bonheur fou. Il prit son élan et courut comme un enfant en faisant de grandes pirouettes dans la toundra. Et parce que cela ne suffisait pas, parce qu'il avait encore du mal à contenir sa joie, Natak s'arrêta et poussa des cris tellement aigus, tellement puissants, que les falaises elles-mêmes en furent secouées.

En quelques semaines, le sol se couvrit de minuscules fleurs aux corolles frêles et duveteuses. Les couleurs éclataient, somptueuses sous le soleil vibrant. Saxifrages et rhododendrons, anémones, pavots et épilobes participaient au même court enchantement. Sachant combien ce paysage était éphémère, les habitants de la toundra s'agenouillaient parfois et enfouissaient leur visage dans un bouquet pour s'imprégner de cette beauté exubérante aux parfums excitants.

Pour Natak et d'autres jeunes chasseurs, l'apparition de délicates fleurs roses aux branches des saules annonçait la migration des morses vers le soleil levant. Les mastodontes nageraient parmi les glaces flottantes au large des baies peu profondes en cherchant les îles où, chaque année, ils s'arrêtaient pour se reposer. C'est là qu'il fallait les attendre. Les chasseurs inspectèrent leurs fragiles embarcations en peau de phoque conçues pour les transporter jusqu'aux îles des morses. Ils travaillèrent aussi plusieurs jours à améliorer leurs harpons, tressant de solides lanières, affûtant une pointe ou solidifiant la hampe. Maïna n'avait jamais vu de morse, car les Presque Loups ne fréquentaient pas la côte l'hiver, mais elle jugea à ces préparatifs que l'animal devait être énorme.

Un soir, pendant que Natak façonnait la pointe de son harpon, Aputik raconta, sans doute pour inciter les chasseurs à la prudence, comment son père, le très respecté Ugliuk, avait perdu son plus jeune fils, Akpa, d'une horrible manière alors qu'ils chassaient le phoque le long d'une crevasse. Le temps était mauvais, le vent rugissait si fort que les chasseurs hurlaient pour se faire entendre. Akpa vit soudain une grosse tête noire aux yeux injectés de sang émerger de l'eau. Pour d'obscures raisons, le morse s'était éloigné du troupeau établi beaucoup plus loin à cette saison. Akpa cria sans doute, mais le vent enterra sa voix. Il lança son harpon et toucha l'animal, mais connaissant mal les morses, il oublia de planter immédiatement la hampe dans la glace et d'y enrouler la lanière pour s'assurer une bonne prise. Le morse se débattit, entraînant Akpa dans la mer.

— Le morse est féroce dans l'eau. D'un coup de défenses, il peut mettre un homme en morceaux, avertit Aputik.

C'est ce que le morse avait fait de son frère, déchiquetant son corps dans une grande giclée de sang. La tuerie fut sans doute brève. Quelques instants avant d'apercevoir une masse sombre, de la taille d'un très petit phoque, remonter à la surface de l'eau, Ugliuk avait vu son fils penché par-dessus la crevasse. Ugliuk lança son harpon pour prendre ce qu'il croyait être un phoque et découvrit, horrifié, la pointe de son arme enfoncée dans le torse de son fils. Au même moment, le morse fit surface puis plongea de nouveau dans les profondeurs de la mer en emportant les restes de son enfant.

Étrangement, l'histoire d'Aputik ne fit qu'accroître l'impatience de Maïna. Elle avait confiance en Natak et elle avait très hâte de voir une de ces bêtes sortir de l'eau. Mais l'histoire d'Aputik avait fini de convaincre Natak : Maïna resterait au campement. Il s'embarquerait seul avec les hommes pour rencontrer le morse.

Maïna le surprit, prêt à partir sans elle, bien avant l'aube. Elle fit semblant de dormir, attendit qu'il ait quitté la tente, attacha Iktu pour qu'il ne la suive pas et partit à son tour. Des lueurs jaunes et roses tremblaient doucement à l'horizon, annonçant le jour. Maïna rejoignit les chasseurs au bord de la mer. Toutes les têtes se tournèrent vers elle et le regard de Natak s'enflamma.

La colère de Natak ne réussit pas à émouvoir Maïna, car d'immenses troupeaux de morses s'ébattaient déjà dans son imagination. Elle devinait les yeux injectés de sang, le regard défiant des bêtes, et une énergie sauvage irriguait tous ses membres. Elle avait hâte de partager l'ivresse d'une victoire, de se sentir de nouveau fabuleusement vivante, plus forte que la veille, plus invulnérable encore. Maïna avait besoin de prouver que les loups avaient eu raison de hurler pour elle.

Natak hésitait. Les autres chasseurs étaient impressionnés par le silence quasi redoutable de la petite femme. Ils ne voulaient pas qu'elle se joigne à eux, mais l'intensité du désir inscrit dans son regard les touchait.

Natak n'eut rien à décider. Maïna s'approcha doucement du bateau, aida son compagnon à pousser l'embarcation et monta à bord sans dire un mot. Le visage de Natak s'était fermé.

Avant même d'atteindre les îles, ils découvrirent les énormes créatures mugissantes sur une vaste plaque de glace à la dérive. Une fois leurs bateaux remontés sur ce fragment de banquise, ils s'approchèrent sans bruit, mais les morses disparurent vite dans l'eau. Alors débuta un long guet.

Maïna avait réussi à observer un des morses d'assez près avant qu'il fuie. C'était un animal grotesque. On aurait dit un asticot géant ou un rocher mouvant. Une masse informe de chair sombre et plissée, sans fourrure, flanquée d'une tête ridicule avec une moustache drue sous les yeux et des narines rondes, frémissantes. Seules ses défenses lui conféraient une certaine noblesse. Maïna regarda les morses ramper lourdement jusqu'à l'eau pour échapper aux chasseurs et elle fut surprise de les voir nager avec une grâce surprenante. Leur corps s'étirait dans l'eau, ondulant comme celui des baleines dans ce qui ressemblait tant à une danse.

En fin d'après-midi, un jeune homme réussit à planter son harpon dans l'une de ces immenses créatures venue respirer trop près de la glace. Furieux, l'animal frappa aveuglément, fracassant la glace de ses puissantes défenses. Tous les chasseurs accoururent et ils s'acharnèrent longtemps sur la bête enragée. Maïna crut qu'ils devraient l'abandonner, mais le morse finit par céder.

La chasse était finie. Le morse était énorme,

les hommes ne pouvaient rapporter davantage de viande dans leurs embarcations. Ils travaillèrent dur pour hisser la bête hors de l'eau. Maïna ne fut pas inutile. Elle tira comme les autres, prête à se rompre le dos pour arracher le morse à la mer. Puis, elle aida les hommes à dépecer l'animal.

Ce fut une incroyable boucherie. Le sang semblait couler d'une source intarissable, se répandant en larges flaques cramoisies sur la neige. Des montagnes de chair s'élevèrent bientôt, dégageant une odeur musquée vaguement écœurante. Maïna n'avait jamais vu tant de viande de sa vie. Ce morse lui rappelait les bêtes gigantesques, surgies d'une autre époque, qui peuplaient les légendes de Tekahera sur les Premiers Hommes.

Lorsque vint le temps de charger les bateaux, Maïna découvrit que Natak avait honte. Tenu de ramener sa passagère clandestine, il ne pouvait prendre avec lui qu'une part ridicule de viande. Lui, Natak, un des meilleurs chasseurs du pays de glace, ne jouerait donc qu'un rôle minable dans cette victoire contre un des plus grands monstres de la mer.

Natak pagaya en silence et Maïna sentit le poids du jour écraser ses épaules. Jamais de sa courte vie n'avait-elle participé à une chasse aussi extraordinaire et étrange. Et, pourtant, elle ne ressentait pas l'habituelle euphorie. Toute trace de joie l'avait désertée.

Quatorze

Tekahera avait vu les derniers îlots de glace sombrer dans la mer et les oies voler au-dessus de son île. Elle avait inspecté son canot et préparé ses ballots, mais elle ne s'était pas encore embarquée sur la grande eau.

L'hiver avait été difficile. Ses plaies guérissaient mal, tous ses membres lui élançaient et, parfois encore, des liquides sombres suppuraient de quelque blessure trop profonde. Elle qui s'était toujours sentie plus forte que les loups, les renards et les caribous, s'était laissé terrasser par de violentes fièvres et une lourde fatigue l'avait envahie. Seule sur son île, sans force pour chasser, Tekahera avait passé de longs jours sans manger.

Elle avait souvent fait le même rêve. Mishtenapeu revenait. C'était lui, cette fois, qui pagayait vers elle dans son canot. Il remontait l'embarcation sur la plage de sable à la grande pointe de l'île et marchait lentement vers elle. Le ciel était toujours plein d'oiseaux et le vent faisait battre les branches des épinettes. Mishtenapeu portait une petite fille dans ses bras. Arrivé devant elle, il lui confiait l'enfant et

Maïna

Tekahera observait longuement la minuscule fillette aux yeux de braise.

— Elle te ressemble, soufflait Mishtenapeu.

— C'est vrai, et pourtant elle n'est pas de mon ventre, constatait Tekahera.

À son réveil, Tekahera cherchait toujours Maïna autour d'elle. Et souvent, pendant le jour, elle parlait à sa fille adoptive comme si elle était là, à côté d'elle. Mais Maïna était loin, très loin, Tekahera le savait trop bien.

Elle cessa de fouiller l'horizon comme si elle aurait pu y voir, là, tout au bout, la silhouette de Maïna. Elle arrêta aussi de lancer des omoplates de caribou dans les braises pour interpréter les ombres et les craquelures. L'horizon était toujours vide et les os racontaient sans cesse la même histoire. Maïna avait pénétré dans un pays redoutable, mais elle était vivante et, parfois encore, la joie dansait dans son ventre. C'était là une réalité étonnante qui échappait totalement à l'entendement de Tekahera.

Tekahera avait deviné que Maïna ne l'attendrait pas ce printemps, au bord de la grande eau. Elle savait aussi que l'homme pour lequel Maïna avait fui dormait dans les bras de sa meilleure amie. Et que l'autre, l'ennemi, avait péri, transpercé par une lance. Elle avait vu défiler maintes images et percé bien des mystères lors de ses longs jours de jeûne dans l'immobilité. Tekahera pardonnait aux esprits de lui avoir ravi sa presque fille, qui était son ombre et son soleil aussi. Elle savait combien il est vain d'emprisonner ceux qu'on aime ailleurs que dans les secrets de son cœur.

Même au plus fort de sa solitude, pendant toutes ces saisons sur son île, Tekahera n'avait jamais douté de sa valeur. Elle savait qu'aux yeux du Manitou elle était demeurée, malgré ses chasses, ses exils, une Presque Loup véritable. Mais voilà qu'elle avait craint, au cours de ce malheureux hiver, d'être soudain devenue faible et lâche, car elle ne tenait plus guère à la vie. Pour y voir clair, pour comprendre ce qui la rongeait, Tekahera avait navigué au plus profond d'elle-même en quête de vérités. Au prix de durs efforts, elle s'était creusé une fosse et y était restée allongée plusieurs jours. Elle avait réussi à émerger de ce long périple l'âme légère et le cœur en paix.

Son aventure touchait à sa fin. Elle avait accompli ce que les esprits attendaient d'elle. Et elle avait arraché à ces mêmes esprits des permissions qu'autrement ils ne lui auraient jamais consenties. Elle avait connu la douleur et la liberté, la félicité et l'angoisse. Elle avait cultivé, dans les secrets de son âme, des trésors de force, de sagesse, de douceur, de volonté, de fidélité et d'amour. Elle avait vécu, de jour en jour, dans l'horreur et la joie.

Il était presque temps de mourir maintenant. Tekahera venait de découvrir qu'elle n'avait plus à naviguer sur la grande eau comme tous les printemps. Et n'eût été de Maïna dont elle attendait encore un signe, un dernier, un seul,

Tekahera se serait couchée une dernière fois dans la fosse, au cœur de son île, et y aurait attendu que son cœur s'immobilise lui aussi.

Tekahera scruta l'eau, puis la côte au loin et enfin l'horizon, plus loin encore. Elle se hissa sur la pointe des pieds, projetant son corps vers l'avant comme pour plonger, et lança au vent d'étranges paroles.

— Je t'accorde jusqu'au prochain printemps. Après, il sera trop tard.

Sur le rivage, une oie secoua ses plumes et prit son envol. Tekahera sut que si Maïna n'avait pas encore compris que sa presque mère attendait d'elle un dernier signe avant de mourir, l'oiseau lui porterait son message, par-delà la frontière des arbres.

Quinze

Les rares feuilles roussirent ou s'empourprèrent. Les fleurs s'étiolèrent et la toundra s'enflamma pendant que les derniers petits fruits mûrissaient. Natak avait pardonné à Maïna de l'avoir suivi, mais il avait ramené de cette chasse au morse une tristesse indéfinissable qui l'étouffait sans prévenir.

L'émotion pouvait le gagner alors qu'il observait simplement Ugliuk mâchonnant avec beaucoup d'ardeur un morceau de poisson séché. Ou lorsque Iktu courait à toute allure pour rejoindre Maïna, qui riait de le voir filer dans la toundra comme si un ours était à ses trousses. Ou encore quand Tadlo laissait errer son regard sur le sol de pierres et de mousse comme si ce pays qui était le sien s'était vidé depuis qu'il avait perdu ses pieds. L'imprévisible mélancolie s'abattait comme une grêle sur Natak sans qu'il sache comment se protéger. Il finissait toujours par réussir à s'en extirper mais restait habité par un sentiment de fragilité.

Natak avait longtemps poursuivi un rêve et il avait fini par le capturer, mais voilà qu'il découvrait combien les saisons du cœur sont fragiles et éphémères. Il s'était senti si complètement heureux de posséder l'étrangère puis de la voir progressivement tourner vers lui un regard qui ne cherchait plus à courir ailleurs. Et ce jour de soleil sur les falaises, alors qu'elle avait crié parce qu'elle avait peur qu'il tombe, il avait eu l'impression qu'un oiseau s'éveillait quelque part en lui et dans un élan souverain fonçait vers le ciel, telle une sterne mue par la formidable énergie des grands migrateurs.

Mais Natak sentait désormais que ses rêves pouvaient s'effondrer, s'évanouir ou mourir. Que malgré sa force à lui, malgré sa volonté et l'intensité de ses désirs, il n'était qu'une brindille soumise aux caprices du vent dans l'immense toundra. Il pouvait tout perdre comme il avait tout reçu. Cela ne dépendait sans doute que des esprits. Or, Natak savait que même les chamans parfois ne peuvent rien contre les esprits.

Maïna avait découvert que les gens du pays des glaces construisaient des barrages de pierres, comme les Presque Loups, pour capturer les poissons à marée basse alors qu'ils remontaient les rivières, longs et dodus après un été en mer, et prêts à affronter l'hiver. Elle avait été surprise de voir une multitude de petits fruits éclater parmi les collines et les vallons éparpillés dans ce désert et tous les jours elle s'émerveillait de la tendresse dont était entouré le petit Ugliuk. Elle découvrait encore combien le territoire et les habitants du pays sans arbres ressemblaient peu à ce que les siens avaient imaginé dans leurs légendes autour du feu.

Il lui arrivait pourtant souvent de se sentir perdue, d'être choquée ou surprise. Comme ce jour où des hommes avaient raclé les grosses larves grises collées à la peau d'un caribou du printemps pour ensuite déguster tranquillement ces affreuses bestioles qui détruisent les plus belles fourrures. Liitsia et Mikiju, qui épiaient souvent Maïna, avaient surpris son regard dégoûté et elles s'étaient empressées de le signaler, car elles aimaient rappeler aux autres que Natak avait pris pour compagne une étrangère.

— Une épouse sans marques au visage, sans courage, disaient les femmes.

Elles reprochaient à Maïna de ne pas être tatouée, comme elles lui reprochaient de ne pas comprendre tous les interdits, de ne pas savoir coudre des bottes avec des semelles de morse, du phoque gris en empeigne et du blanc en bordure. Elles ne lui pardonnaient pas d'être elle-même, unique, différente. Et, surtout, elles n'acceptaient pas qu'elle, l'étrangère, ait conquis Natak, un chasseur brave et fort. Certaines racontaient même que Maïna l'avait ensorcelé et qu'un jour elle l'abandonnerait. Natak mourrait d'ennui, seul dans la toundra. Maïna s'était presque habituée au regard éternellement lourd de reproches des autres femmes, elle savait que plusieurs d'entre elles avaient convoité Natak, mais elle avait quand même senti ses entrailles se nouer lorsqu'Aalasi lui avait rapporté ces paroles.

Malgré cette animosité sournoise qui trop souvent refaisait cruellement surface, Maïna s'était laissé séduire par l'étonnante gaieté du peuple des glaces. Les femmes riaient sans cesse en travaillant, et le soir, le moindre événement amusant – une étourderie, un geste d'enfant –, raconté d'une tente à l'autre, déclenchait de nouvelles explosions de franche hilarité. Pourtant, les mêmes hommes, les mêmes femmes, qui riaient comme des enfants, savaient se montrer impitoyables et pouvaient commettre des gestes d'une rare et extrême cruauté.

Maïna apprit que pendant le dernier automne ils avaient tué un des leurs. L'homme obligeait les autres chasseurs à nourrir sa femme et ses enfants. Il n'apportait que des peaux pour fabriquer ses vêtements à lui, jamais pour sa compagne ou ses petits. Les gens de la tribu de Natak n'avaient rien dit pendant toute une saison, puis une autre. Maïna les imaginait, riant encore, malgré leur agacement puis leur indignation. Un jour, des hommes entrèrent sans avertir dans la tente du coupable et le découvrirent mangeant devant les siens, qui attendaient les restes. Ils lui ouvrirent le ventre et le livrèrent encore vivant aux corbeaux de la toundra.

Lorsque disparurent les petits fruits, Maïna se rappela sa promesse. Au cours de l'hiver, alors que Natak dormait dans une autre tente et semblait prêt à la laisser fuir, elle avait décidé de rester jusqu'au printemps. Parce que l'hiver était dur et dangereux, parce qu'elle était curieuse de découvrir le pays de Natak, parce qu'elle avait envie d'apprendre les mots de sa langue pour un jour lui dire ce qui l'animait, l'enchantait, la révoltait. Pour lui raconter des légendes qu'elle inventerait juste pour lui. Pour toutes ces raisons et d'autres encore qu'elle n'osait s'avouer, Maïna était restée. Or, voilà que l'été fuyait. Elle connaissait maintenant assez bien la langue chantante de Natak, mais elle ne lui avait encore presque rien dit et elle ne s'était pas préparée à repartir.

Pourtant, elle n'avait pas oublié les siens. De Manutabi, qu'elle avait tant aimé, qu'elle aimait encore, elle conservait des images enchanteresses qui défilaient souvent dans son esprit. Ce n'étaient pourtant que des miettes de vie, comme ces minuscules éclats que les hommes arrachent aux pierres. Des échos, magnifiques et intenses, de ce qu'ils avaient partagé. Une caresse, un regard, un désir, une promesse, un élan, un projet... Et puis, plus rien. Il avait promis de la rejoindre mais n'était jamais revenu et elle n'avait pu se mêler aux gens de sa tribu, car ils avaient déserté leur ancienne rivière. Souvent encore, Maïna se sentait prête à tous les sacrifices simplement pour savoir si Manutabi était toujours vivant.

Le souvenir de Tekahera et de Mishtenapeu était resté gravé dans sa mémoire. Comme les loups, ils l'accompagnaient partout. Et lorsqu'elle hésitait devant une parole, une attitude ou un geste, Maïna leur parlait secrètement et elle entendait leur voix au cœur de longs et profonds silences. Seul le visage de Saito avait fini par s'effacer, comme s'il avait lui-même disparu. Maïna était heureuse d'être enfin libérée du souvenir de ses petits yeux cruels. Elle avait presque oublié qu'il était à l'origine de sa fuite tant cette époque lui semblait lointaine. Elle sentait aussi que sa périlleuse traversée ne tenait pas uniquement à Saito. Les esprits savaient sans doute depuis toujours qu'elle partirait. Malheureusement, ils ne lui avaient pas encore révélé pourquoi et elle se sentait souvent prisonnière de cette quête mystérieuse.

À mesure que la saison froide approchait, Maïna luttait, chaque jour davantage, contre l'angoisse et le déchirement. Elle avait vu les hommes construire un bateau avec les os d'une baleine pourrie échouée plus haut sur la côte et elle avait étudié comment font les femmes pour recouvrir cette carcasse de peaux de phoque avant de la faire flotter. Elle possédait un bon couteau maintenant, un harpon, une lance, un arc d'andouiller et des flèches. Natak lui avait montré comment bander l'arc, viser et laisser siffler le projectile. Maïna aurait pu partir.

Un soir, après une journée de pêche exténuante, le corps à demi enfoncé dans la rivière glacée, Maïna marcha vers la mer et s'assit, seule sur la côte, loin du campement, pour contempler l'incendie du ciel, ses larges traînées de feu, rouges et dorées, à l'horizon. Le soleil de fin d'été ensanglantait l'eau avant de mourir. Maïna songeait à la forêt et aux siens lorsque Natak s'approcha doucement. Il avait été pris de mélancolie à l'approche de la nuit et il avait erré jusqu'à ce que ses pas, presque malgré lui, le mènent à elle.

Maïna lui demanda, dans cette langue qu'elle avait si bien apprivoisée, s'il accepterait qu'elle fuie, s'il la laisserait retourner à sa forêt et aux siens. Elle dit forêt dans sa langue à elle, car eux n'avaient pas de mots pour désigner pareil bouquet d'arbres. Natak s'accrocha à ce détail, à ce mot qui lui manquait pour saisir et décrire le monde de Maïna. Elle insista, répétant plusieurs fois sa question en fixant des yeux l'eau rougeoyante.

Natak ne dit rien. Il se leva et partit. Son regard erra longuement dans la toundra mais, pour la première fois de sa vie, il ne trouva rien à quoi s'accrocher. Natak sentait une morsure au ventre. Une douleur sourde, brûlante, qui irradia bientôt tout son corps. Cela devint insoutenable. Il étouffait de peur, d'impuissance, de rage aussi. Natak fouilla encore la toundra. Son regard affolé s'arrêta sur une pierre. Il la cueillit et la frappa contre son crâne.

Maïna ne dit rien lorsqu'elle vit le sang séché dans ses mèches noires. Elle l'attendait sous les peaux de phoque et de caribou, comme s'il n'y avait pas eu toutes ces paroles, comme si rien n'était changé. Natak se laissa tomber à ses côtés. Il reconnut alors, dans ses yeux à elle, la même douleur, la même rage qui le terrassaient. Ils s'aimèrent sans retenue, prêts à tout pour tuer les bêtes qui glapissaient dans leur ventre.

Natak promit qu'il la laisserait partir et Maïna jura de rester.

Seize

Bien avant que les chasseurs se mettent à épier le vol des corbeaux et des huards et les formations de mouettes charognardes dans le ciel, bien avant qu'ils guettent les déplacements des renards et des rares loups afin de deviner l'arrivée des caribous, Maïna s'était longuement entraînée à projeter sa lance sur des cibles de fourrure tendues dans la toundra. Avec du jus de baies rouges, elle dessinait un petit soleil sur ces cibles et courait inlassablement en brandissant sa lance pour atteindre, fois après fois, le cœur du soleil écarlate. Elle s'habituait aussi à bander son arc puis à décocher la flèche, qui sifflait dans un parcours d'une grande précision. Bien avant que les caribous s'assemblent pour regagner le couvert d'épinettes, bien avant que leur fourrure soit à son meilleur, douce, épaisse et pleine, Maïna était prête à chasser le caribou.

Natak avait beaucoup travaillé la pierre pour que les lances et les flèches soient efficaces, mais il ne sentait pas monter en lui cette fièvre du caribou qui brûlait Maïna. Les siens se préparaient simplement à tuer en nombre suffisant pour récolter la fourrure nécessaire. Maïna rêvait de caribou. Elle les imaginait, défilant en grandes vagues, le mufle relevé, les andouillers hauts et larges, leur somptueux pelage flottant dans le vent, et elle avait l'impression d'entendre le froissement des fourrures et le cliquetis des sabots.

Les caribous arrivèrent à la fin de la saison des petits fruits. La tribu déménagea rapidement tout ce qu'elle possédait. Ils ne laissèrent derrière eux que les poissons et les phoques qui vieillissaient lentement sous des pierres, et s'installèrent près du lieu de passage des grandes bêtes annoncé par les éclaireurs.

Ces derniers avaient vu juste. Peu après l'arrivée des chasseurs, une rivière de caribous coula sur les collines basses puis roula en vagues sombres dans un étroit vallon en cherchant à rejoindre un long bras d'eau. Ce n'était pas la première fois que les bêtes choisissaient cette route. Longtemps avant, des chasseurs avaient construit des tumulus de pierre, ces amas de roches représentant vaguement un humain, pour effrayer les bêtes, les forçant ainsi à défiler en bande serrée jusqu'à l'eau. C'est là qu'ils en abattaient le plus grand nombre.

Les chasseurs avancèrent vers un point d'étranglement du cours d'eau, un passage peu profond et étroit, pendant que les femmes et les enfants dirigeaient les caribous vers eux. Depuis la chasse au morse, Maïna avait moins chassé, mais Natak savait qu'elle tuerait elle-même ses caribous. Il ne fut donc pas surpris de la voir galoper parmi les hommes, rapide et agile, son carquois sur le dos, sa lance à la main.

À la grande surprise des chasseurs, Maïna abattit la première bête. Elle avait beaucoup couru mais ne s'arrêta pas comme les hommes pour reprendre son souffle. Elle visa à bonne distance et frappa juste. Pendant les heures que durèrent cette chasse, les compagnons de Natak furent témoins de son adresse, de son acharnement et de sa résistance. Rien ne semblait pouvoir l'arracher à cette rive où, sans relâche, elle décochait ses flèches ou enfonçait sa lance.

Les caribous étaient nombreux et gras, leur duvet soyeux. Lorsque les premières pointes de lances et de flèches pénétrèrent dans les cous et les dos, les bêtes s'affolèrent, lançant des regards de détresse en cherchant désespérément à gagner l'autre rive. Plusieurs caribous se noyèrent, quelques-uns seulement réussirent leur courageuse traversée, la plupart succombant aux attaques répétées des chasseurs. Kuitsé visa quelques faons pour qu'Aalasi confectionne une tunique souple à son fils et Natak tua sa bonne part de bêtes, mais il fut plusieurs fois parcouru de frissons lorsqu'une femelle tournait vers lui des yeux immenses aux reflets mouvants. Sa lance restait suspendue dans le vide quelques secondes et parfois la bête lui échappait parce qu'il avait, stupidement, l'espace d'un instant, confondu son regard avec celui de Maïna.

Le troupeau cessa finalement de défiler. Les femmes, qui s'affairaient depuis longtemps à dépouiller les caribous de leur peau, abandonnèrent ce travail aux hommes afin d'installer le campement et de préparer les feux. Maïna sentait le regard des chasseurs peser sur elle. Elle était restée avec eux mais n'osait trop relever la tête, car elle redoutait leurs reproches muets. Elle avait tué autant de bêtes que les meilleurs chasseurs, autant que Natak même sans doute.

Maïna chercha son compagnon. En découvrant ses yeux d'eau noire, elle sentit son cœur se gonfler. Natak posait sur elle un regard tendre et fier. C'était trop de bonheur d'un coup. Sans réfléchir, Maïna courut vers lui et enfouit son nez dans son cou. Surpris par le geste de Maïna, les hommes s'écartèrent de Natak et quelqu'un chuchota des paroles qui déclenchèrent des rires bruyants. Les hommes s'esclaffèrent en tapant très fort sur leurs cuisses.

— Natak aime un autre chasseur, finit par rugir un des hommes, tordu de rires.

Ceux qui n'avaient pas entendu la première fois croulèrent en apprenant la blague. Une telle hilarité avait gagné les hommes que les femmes et les enfants s'approchèrent pour rire eux aussi.

— Natak aime un chasseur, clamèrent alors les hommes à tue-tête.

Ils s'amusaient ferme en raillant Natak, mais il n'y avait pas de méchanceté, ni même de reproche dans la voix des hommes. On aurait dit au contraire qu'ils enviaient un peu leur compagnon. Natak les laissa rire et, lorsqu'ils furent enfin calmés, il lança d'une voix claire et triomphante :

— Natak aime le meilleur de tous les chasseurs !

Dix-sept

Les visiteurs arrivèrent un jour de brouillard. Ils appartenaient eux aussi au grand peuple des glaces, mais leur tribu campait dans les fjords d'une mer intérieure un peu plus loin, du côté du soleil couchant. Ils n'étaient pas venus à la fin du dernier été, comme à leur habitude, et les femmes de la tribu de Natak s'étaient plaintes de manquer de couleurs pour décorer les tuniques. Les deux tribus échangeaient depuis longtemps des pierres dures qui servaient à façonner des armes contre d'autres plus tendres dont on extrayait des couleurs.

Les hommes des fjords avaient laissé leurs femmes au campement pour avancer plus vite et régler leur commerce avant la chasse au phoque. Les visiteurs étant rares, tous voulurent entendre leurs histoires et raconter les leurs. Ils sortirent donc un gros caribou de sous les pierres ainsi qu'une grande peau de phoque dans laquelle mûrissaient depuis des semaines quantité d'oiseaux. Les femmes apportèrent beaucoup de mousse sèche et ils firent un grand feu, ce qui était possible en cette saison.

L'un des visiteurs, Tuktu, était né dans la

tribu de Natak. Natak et lui avaient le même âge et ils avaient partagé de nombreuses chasses. Tuktu avait pris femme du côté des fjords, mais il était toujours heureux de revenir. Il expliqua à Natak pourquoi, au cours du dernier été, lui et les siens n'étaient pas venus. Malgré les avertissements de leurs amis, ils avaient décidé d'accomplir le voyage jusqu'à la baie des pierres. Ils avaient pourtant entendu les membres de la tribu de Natak raconter l'horrible bataille. Ils avaient été surpris et révoltés de découvrir que les hommes du pays des arbres tuaient des gens qu'ils ne connaissaient même pas et uniquement pour conquérir des pierres, ce qui était tout aussi étonnant. Eux-mêmes avaient appris à tuer mais pour se nourrir seulement ou encore pour maintenir l'ordre dans leur tribu. Tuer était un geste intime, aussi n'auraient-ils jamais songé à porter atteinte à la vie d'un étranger.

Les gens de la tribu des fjords savaient aussi que le chaman de leurs amis avait péri dans cette bataille et que plusieurs femmes avaient été retenues prisonnières. Ils savaient que les hommes du pays des arbres qui avaient envahi la baie des pierres étaient cruels et redoutables, qu'ils se battaient lâchement en protégeant leur corps sous des tuniques presque aussi dures que les pierres qu'ils convoitaient.

Maïna écoutait, fascinée, sans se douter que Tuktu parlait d'une pierre qu'elle connaissait, sans comprendre que ces gens cruels qu'il décrivait étaient de la même tribu que Manutabi. Natak prit la parole à son tour, visiblement ébranlé par le souvenir de cette cruelle bataille. Il avait deviné depuis longtemps que l'homme qu'avait aimé Maïna, et qu'elle aimait peut-être encore, avait été là, parmi les envahisseurs, la nuit de l'affrontement. C'était peut-être lui qui avait tué leur chaman, semant la panique parmi les siens. Natak ne dit rien de tout cela, mais il raconta comment il avait lui-même découvert leur chaman au bord de l'eau, prêt à être avalé par la marée, la gorge tranchée mais encore vivant. Lui, Natak, ne pouvait rien. Il fallait un chaman pour guérir un autre chaman. Aussi s'était-il contenté d'éloigner l'homme de la mer et d'attendre patiemment qu'il meure au risque de tomber lui-même sous la lance des ennemis.

— On n'abandonne pas un chaman, dit simplement Natak comme si cela résumait tout.

Et pour rendre hommage au disparu, Natak rappela comment leur chaman pouvait tuer sans toucher, juste avec sa volonté, deviner les rêves des hommes, libérer les âmes, appeler les phoques, arrêter le sang et négocier avec Sedna. Parfois même, sans quitter sa tente, il plongeait dans la mer et nageait dans les profondeurs pour aller démêler l'épaisse chevelure de la maîtresse des mers, libérant ainsi les phoques et les morses prisonniers.

Tuktu écouta gravement puis il reprit son récit. Lors du dernier été, lui et d'autres hommes avaient contourné les hautes montagnes dont

Natak et les siens leur avaient parlé et, au terme d'un épuisant voyage, ils avaient atteint la baie des pierres, une nuit, juste avant le lever du jour. Les hommes du pays des arbres qui campaient encore là dormaient profondément, leur femme entre les bras, les petits autour. Ils ne les tuèrent pas mais volèrent leurs armes, obtenant du même coup la vengeance pour leurs amis et les pierres qu'eux-mêmes convoitaient. Des pierres déjà longuement travaillées, prêtes à servir.

— Il n'y a pas eu de morts, conclut Tuktu.

Mais Maïna vit dans les yeux de Natak qu'il désapprouvait quand même cette audacieuse équipée.

Ils rejoignirent les autres autour du feu. La chair de caribou grillée rendit à Maïna sa bonne humeur. Les récits de Tuktu et de Natak l'avaient assombrie. Toutes ces batailles l'inquiétaient. Les affrontements avaient eu lieu dans de lointains territoires et contre des tribus dont elle avait ignoré l'existence, mais Maïna comprenait que ces luttes opposaient le peuple des glaces à celui des arbres. Son peuple contre celui de Natak.

Avant la nuit, ils échangèrent des pierres. Maïna reconnut, parmi divers minerais, des pierres comme celle de Manutabi. Un doute terrible s'immisça dans son esprit. Natak fut inquiet en la voyant porter une main à son cou et couvrir de ses doigts minces la pochette de peau renfermant la pierre que l'autre homme lui avait offerte. Il ne voulait pas que Maïna sache la vérité, il ne voulait pas qu'elle souffre, il n'avait même pas envie de noircir le souvenir de son ancien amoureux. Natak parla beaucoup, multipliant ses récits de chasse comme pour étourdir Maïna, pour l'empêcher de réfléchir aux batailles qui avaient été livrées et aux pierres qui en avaient été l'enjeu.

Ils mangèrent longtemps et chantèrent beaucoup. Des lueurs tendres restèrent longtemps accrochées dans le ciel d'automne. Les enfants s'assoupirent devant le feu et les vieillards s'endormirent assis. Peu à peu, les hommes et les femmes se retirèrent dans leurs tentes. Natak semblait vouloir repousser ce moment. Avant de partir derrière Kuitsé, Aalasi jeta un regard impuissant à Natak et elle invita Maïna à venir dormir tout de suite, mais Maïna refusa, car elle n'avait pas compris ce qui l'attendait.

Tuktu était très déçu et un peu gêné d'avoir à demander. Mais la route avait été longue et c'était l'usage. Il n'avait pas eu de femme depuis bien des jours et Natak était son meilleur ami. Si Natak avait voyagé jusque chez lui, il lui aurait offert ses deux femmes avec joie, car il en possédait deux maintenant. Tuktu avait remarqué que l'épouse de Natak était étrangère. Elle n'avait pas de marques au visage. Sans doute venait-elle du pays des arbres. Son corps, étonnamment délicat, était gracieux et invitant. Elle semblait plus ardente que tendre et cela lui plaisait.

— Je la prends? demanda Tuktu en s'emparant déjà de la main de Maïna.

Natak sentit la rage monter en lui et il en eut honte, car Tuktu était son ami et ce qu'il demandait était normal. Les hommes prêtaient souvent leurs femmes aux visiteurs, surtout aux amis, ainsi étaient-ils assurés de pouvoir eux aussi goûter à des femmes pendant leurs voyages. Les femmes ne s'en plaignaient pas. Elles aimaient bien, comme leur compagnon, connaître d'autres corps, d'autres caresses.

— Viens, murmura Tuktu dans les cheveux de Maïna, qui ne semblait pas comprendre. Viens dormir avec moi, reprit-il en découvrant soudain, dans les yeux de Maïna, toutes les couleurs de la toundra.

Natak se leva et partit, le cœur ravagé, l'esprit en déroute. Dans sa tente, il surprit les gémissements d'Aalasi sous les fourrures et se mit à imaginer le ventre de Tuktu contre celui de Maïna, ses grosses mains sur sa poitrine et son sexe dur entre ses cuisses. Natak marcha toute la nuit dans ce pays qui lui sembla désert. À l'aube, n'y tenant plus, il se dirigea vers la tente de la tribu des fjords et entra, sachant qu'il ne pourrait taire son ressentiment s'il surprenait Maïna livrée à des gestes intimes.

Il découvrit Tuktu, seul dans un coin de la tente, le visage sauvagement griffé et l'humeur mauvaise. Natak ne put s'empêcher de sourire.

Dans sa tente à lui, Maïna faisait semblant de dormir, Iktu à ses pieds. La rage de sa compagne n'était pas éteinte, elle se demandait encore si elle devait mordre Natak ou simplement le quitter. Pour toujours. Le prêt de femmes était peut-être une coutume de leur peuple, mais cela n'avait rien changé à sa honte et à sa déception. Elle s'était sentie abandonnée par l'homme même pour qui elle avait renoncé à tant de choses.

Maïna ouvrit les yeux et elle vit Natak. Il avait ce regard profondément amoureux qui la chavirait.

— Tu n'as pas dormi avec Tuktu... chuchota-t-il en déguisant sa question en une affirmation timide.

— Non, répondit Maïna. Je l'ai griffé comme j'aurais voulu te griffer, toi, Natak.

Il y eut un long silence. Puis l'eau enveloppa la toundra. Des larmes roulèrent sur les joues de Maïna.

— Je ne te prêterai plus jamais, promit Natak.

Il faillit ajouter qu'il tuerait plutôt, mais les mots restèrent prisonniers dans sa gorge, alors il se glissa sous les fourrures pour reprendre possession de Maïna.

Dix-huit

Les esprits manifestèrent plusieurs fois leur colère. Des pluies froides et torrentielles s'abattirent sur la toundra et Maïna vit pour la première fois les pierres rouler, poussées par le vent. Pourtant, et bien que l'hiver soit proche, elle sentait encore le printemps sous sa peau.

Elle était habitée par une joie tranquille. Iktu la suivait partout, fidèle et joyeux, et l'eau était enfin redevenue calme dans les yeux de Natak. Maïna lui cousait une nouvelle tunique en peau de phoque qui ferait l'envie de tous les autres chasseurs. Elle avait soigneusement gratté la peau puis l'avait traitée avec un mélange d'urine et de cervelle. Elle avait découpé de grands morceaux et les avait habilement assemblés en pratiquant le point double qu'Aalasi lui avait enseigné. Ce ne serait pas une simple tunique qui garde chaud mais un vêtement magnifique qui charmerait les esprits et les prédisposerait envers Natak. Maïna avait patiemment ajouté des empiècements de formes variées et de fourrures diverses : du phoque blanc pour contraster avec la principale fourrure qui était grise mais aussi du renard roux, du renard argenté et du lièvre.

Elle avait incrusté des plumes, solidement maintenues par des lanières de cuir colorées, trempées dans des pierres broyées, de la graisse et du jus de petits fruits. L'effet était saisissant. Maïna avait finalement ajouté en tremblant, sur le devant de la tunique, une mince bande de fourrure taillée dans sa peau de loup afin que son esprit tutélaire veille aussi un peu sur Natak.

Elle se sentait en paix avec elle-même. Un soir, elle prit Natak par la main et l'entraîna au bord de l'eau. Les nuits étaient redevenues sombres et les lumières du nord vinrent danser dans le ciel. Maïna dit à Natak que l'esprit de son père était là, quelque part parmi ces lueurs flottantes. Elle l'entendait parfois chuchoter à son oreille lorsque les couleurs tournoyaient en émettant un faible chuintement.

La lune était pleine. Maïna se sentit attirée par l'astre pâle et, pendant un bref instant, elle crut voir un homme galoper dans ce cercle doré. Elle ferma les yeux pour mieux se laisser envahir par les images naissantes. Le don de parole que lui avait légué Tekahera s'éveillait en elle et elle sentait que les mots de la langue de Natak sauraient porter cette nouvelle légende.

— Regarde la lune, chuchota Maïna. Il y a longtemps, très, très longtemps, c'était un homme.

Natak la dévora des yeux. Il avait deviné que ce récit qu'elle lui offrait n'était pas, comme tous ceux qu'il connaissait, une histoire héritée des vieux. Maïna inventait, juste pour lui, un récit d'homme et de lune.

Elle décrivit d'abord une femme, très jeune, dont les cheveux étaient longs et lumineux. Toutes les nuits, un homme venait la visiter et goûtait à son corps pendant qu'elle sommeillait. Comme elle s'éveillait, il disparaissait. Elle se plaignit à ses parents, qui ne la crurent pas. Alors, pour confondre le coupable, la jeune fille aux cheveux de lumière enduisit son corps de suie avant de dormir. Au matin, elle vit que son frère avait la bouche et les mains barbouillées de noir. Elle l'accusa, mais il nia devant leurs parents et pendant la nuit il revint encore; alors la jeune fille s'enfuit. Furieux, son frère la poursuivit. Pour lui échapper, elle se cacha dans la carcasse d'une baleine échouée sur la côte et y resta dissimulée de longs jours en se nourrissant des restes de ce poisson géant. Lorsqu'elle émergea enfin de sa cachette, sûre d'avoir échappé à son frère, elle fut prise de panique en découvrant qu'il la guettait encore au loin. Alors, elle réunit ses forces, arracha tout ce qu'elle pouvait aux esprits et, dans un formidable saut, bondit jusqu'au ciel.

Incapable de vivre sans elle, son frère l'y rejoignit et depuis, sans cesse, il la poursuit. C'est lui désormais qui se dissimule dans l'obscurité. Elle, sûre de ne pas être attrapée, laisse sa chevelure dorée briller au grand jour. Elle est devenue le soleil et lui la lune. Parfois, ayant pitié de lui, elle le laisse l'étreindre pendant un bref moment.

— Ces jours-là, tu l'as vu, Natak, le soleil disparaît brusquement derrière la lune et le ciel noircit.

Natak était hypnotisé. Il sentait encore son cœur accroché quelque part entre soleil et lune. Jamais encore n'avait-il ainsi voyagé. Avec les mots de son pays à lui, elle avait inventé une histoire merveilleuse, une sorte de navire volant dans lequel il s'était embarqué. Maïna était bien, tel que ses premiers rêves le lui avaient annoncé, cette chose rare et fuyante, étrange et mystérieuse, qui brillait désormais dans son ciel à lui.

Les jours suivants, Natak sembla pensif. Il avait pourtant beaucoup à faire pour se préparer à la chasse au phoque. Pendant que Maïna travaillait les peaux, il partit quelques jours à la recherche de pierres dures qu'il pourrait tailler en pointes. Il trouva ce qu'il cherchait dans une baie peu profonde où pourrissaient deux cadavres de caribous, leurs bois emmêlés, prisonniers à jamais de leur désir de dominer. De cette expédition, Natak rapporta aussi un bon morceau de pierre verte, beaucoup plus tendre. Il caressait un projet étrange : transformer cette pierre. Natak était déjà habile à façonner des pointes, qu'il ne se contentait pas de rendre tranchantes et perçantes. Il en ornait les contours, arrachant d'infimes éclats. Il avait décoré de manière semblable un arc et la hampe d'un harpon, creusant cette fois des lignes et des formes minuscules. Ainsi rendait-il hommage à l'esprit des bêtes qu'il chassait. Mais il avait aussi gravé joliment les lunettes protectrices de Maïna. Tous ces travaux avaient exigé un temps inouï. Souvent, pendant qu'il maniait son burin, ses paupières s'alourdissaient et il devait lutter pour éloigner le sommeil.

Natak réfléchit longuement aux dessins qu'il avait patiemment sculptés dans les lunettes d'ivoire. Il dut admettre que c'était là un travail sans aucune utilité. Mais cela, étrangement, ne le rebuta pas. Il eut au contraire plus que jamais envie d'amorcer son projet. Un soir, pendant que les autres dormaient, il commença à travailler à la faible lueur du feu mourant. Si Maïna ne lui avait pas fabriqué un bateau avec des mots, peut-être n'aurait-il jamais entrepris cet ouvrage. Mais l'écoutant raconter avec des paroles soudainement devenues si puissantes, Natak avait senti que Maïna accédait à un autre état, qu'elle se rapprochait des esprits. Il voulait connaître, lui aussi, un semblable enchantement.

Le vent, songeait-il, sculpte la neige, même durcie, transformant les paysages. Il dessine des formes souples et mouvantes sur le sol d'hiver, un peu comme les lumières miroitantes dans le ciel obscur. Le vent creuse et ronge, il réorganise, réinvente, reconstruit. Il fait naître des formes dans le désert blanc, il le peuple et l'habite. Pour rien. Ou peut-être simplement pour manifester sa grandeur. Natak aimait contempler ces dessins du vent. Il était parfois lui-même étourdi par le grand vide blanc de la banquise d'hiver. Son regard fouillait alors le sol et s'accrochait à ces sculptures dans la neige, ces extraordinaires paysages que le vent avait arrachés au néant. Natak caressait ce rêve fou d'imiter le vent.

Le premier soir, il ne réussit qu'à tourner et retourner la pierre verte entre ses doigts. Il dormit mal, déçu et inquiet. Le lendemain fut pareil et Natak eut envie de mordre dans la pierre, de l'avaler pour qu'elle disparaisse, pour qu'elle cesse de le hanter. Il était si fatigué le soir suivant qu'il ne s'aperçut même pas qu'il avait commencé à creuser la pierre comme s'il la débarrassait de morceaux inutiles, comme s'il n'avait pas à chercher la forme à sculpter puisqu'elle était déjà inscrite dans les entrailles du roc. Natak découvrit qu'il pouvait travailler dans la paix, sans acharnement. Il n'avait qu'à observer patiemment ce que révélait peu à peu la pierre.

Il travailla plusieurs nuits avant de connaître un premier moment d'enchantement. Ce soir-là, le feu était presque éteint. Natak avait froid, mais ses mains creusaient quand même tendrement la pierre. Il l'éleva doucement pour que les maigres flammes illuminent cette masse qu'il croyait informe et c'est alors qu'il découvrit, dans un grand frisson, que la pierre était vivante. À la prochaine lune peut-être, ou l'autre encore, la pierre rugirait et elle serait parée de fourrure. Elle aurait des griffes redoutables, des crocs terribles, une gueule géante. Et, pourtant, elle ne serait pas simplement inquiétante. La pierre aurait quelque chose de triste, d'humain, et de noble aussi.

Natak avait un ours entre les mains.

Dix-neuf

Pendant que Natak était allé ramasser des pierres, Maïna avait subi les sarcasmes de Mikiju. Les femmes cousaient autour d'un même feu, Ugliuk gazouillait dans le capuchon de sa mère. Une femme annonça alors aux autres que son père allait bientôt mourir.

— Il ira dans le bon paradis. Là où il y a plus de phoques que d'étoiles dans le ciel, dit-elle.

Maïna voulut connaître l'autre paradis, aussi Aalasi lui expliqua-t-elle que les chasseurs maladroits et les femmes dont le ventre ne gonflait pas étaient condamnés à errer dans une sombre caverne, enfouie très creux sous la croûte de la toundra, où il n'y avait que des moustiques et des papillons à manger. Mikiju en profita pour ajouter que les femmes dont le visage n'était pas brodé échouaient elles aussi dans le territoire des rejetés.

— Des femmes comme Maïna dont le manque de courage porte ombrage à leur époux, dit encore Mikiju.

Maïna fixa Mikiju de ses yeux presque dorés à la lueur du feu.

— Où sont tes marques? lui demanda-t-elle.

Mikiju rougit sous l'insulte. Comme si ces marques qui l'avaient tant fait souffrir ne paraissaient même pas ! Elle se planta devant Maïna et approcha son visage du feu. Les lignes gravées dans la peau de Mikiju prenaient naissance sous les ailes du nez et traçaient des demi-lunes jusqu'aux commissures de ses lèvres. Le visage de Mikiju n'était ni plus ni moins brodé que celui d'autres femmes.

Maïna fit semblant d'admirer les marques de Mikiju. Elle lui demanda si son corps était aussi dessiné ailleurs. Mikiju se rembrunit, mais sa sœur, Ali, releva sa tunique. Une ligne sombre, encore gonflée parce que récente et pas entièrement guérie, traversait son ventre. Les femmes furent impressionnées par le courage d'Ali, qui avait enduré le supplice plus longtemps que d'autres.

Maïna songea longuement à cette coutume du peuple des glaces. Quelques semaines plus tard, elle parla à Aputik et Aalasi. Elles érigèrent ensemble une petite tente au bord de l'eau et Maïna y entra un matin à l'aube. Elle voulait que le travail sur sa peau se fasse en secret. Aputik dit à Natak que Maïna souffrait d'un mal de femme qui n'avait rien d'inquiétant mais qui la faisait saigner inexplicablement alors même qu'elle venait tout juste de perdre du sang pendant plusieurs jours. Natak voulut la voir, mais Aputik s'y opposa.

— Tu ne rapporteras rien de la chasse pendant des jours si tu y vas, menaça-t-elle, et cela suffit à convaincre Natak, qui se consola de l'absence de Maïna en sculptant sa pierre tous les soirs.

Les autres femmes crurent que Maïna avait perdu un bébé mal accroché dans son ventre, ce qui la couvrait de honte.

Maïna savait exactement l'effet qu'elle recherchait. Aputik eut charge des lignes, Aalasi des points. Les femmes du peuple des glaces avaient l'habitude de graver des traits sur leur visage, mais Maïna connaissait une autre technique, utilisée par les hommes de la montagne aux couleurs, une tribu amie des Presque Loups. Là-bas, les chasseurs faisaient trouer et colorer la peau de leurs bras. Maïna souhaitait marier ces deux méthodes.

Le premier jour, Aputik dessina une longue ligne courbe, du coin de l'œil jusqu'à la pointe du menton, comme le réclamait Maïna. Aputik avait déjà brodé plusieurs visages, dont celui de sa fille, mais jamais encore n'avait-elle tracé une marque aussi importante. Elle utilisa une mince aiguille d'os dont la tête était traversée d'un fil de cuir enduit de graisse et de suie. Pour que la broderie soit jolie, elle dessina des traits réguliers très rapprochés. Aputik enfonça d'abord l'aiguille sous la peau de l'œil et la ressortit un peu plus loin. Maïna sentit un filet de sang tiède couler lentement sur sa joue. Aputik tira très délicatement pour que le fil glisse bien sous la peau et elle repiqua la chair jusqu'à ce qu'elle ait ainsi traversé presque tout le visage.

Aputik fut impressionnée par le silence de Maïna. La sueur ruisselait sur ses tempes et, chaque fois que l'aiguille bougeait sous sa peau, Maïna se raidissait, ses narines frémissaient et ses lèvres tremblaient, mais elle ne se lamentait pas. Le lendemain, la ligne était rouge et bouffie, comme Aputik s'y attendait, aussi travailla-t-elle l'autre côté du visage. Elle revint au premier côté le jour suivant, traçant une autre série de longs traits parallèles aux premiers. Le travail d'Aputik dura huit jours, au terme desquels Maïna était méconnaissable tant la peau de son visage était rougie, bleuie, tuméfiée. Aputik voulut convaincre Maïna d'arrêter là. Elle portait déjà plus de marques que n'importe quelle femme de la tribu et Natak s'inquiétait de son absence. Il passait une bonne partie de ses nuits à rêvasser devant le feu en s'amusant d'une pierre et chassait mal. Quant à Iktu, il hurlait à la lune comme un possédé. Même le petit Ugliuk semblait la chercher.

Maïna pressa Aputik de convaincre Natak qu'elle allait bien, puis elle réclama Aalasi. Pendant qu'Aputik avait marqué son visage, Maïna avait beaucoup songé à son initiation, ces longs jours immobiles à attendre l'appel des loups. Elle avait réfléchi à cette mission obscure dont elle s'était souvent sentie investie. Pourquoi les loups l'avaient-ils choisie? Qu'attendaient-ils d'elle? Elle n'avait pas encore trouvé la réponse et elle n'avait pas encore aperçu les loups du pays de Natak, mais elle les avait entendus hurler. Elle sentait parfois leur présence et devinait aussi leur approbation silencieuse. Maïna était persuadée que les loups eux-mêmes avaient décidé, depuis longtemps, qu'elle, Maïna, accomplirait une partie du périple de sa vie aux côtés de Natak. Parfois, lorsqu'elle marchait seule dans la toundra, Maïna s'entendait dire à haute voix, dans la langue des Presque Loups :

— Les loups n'ont pas abandonné Maïna.

Elle le croyait profondément et cela lui semblait d'ailleurs évident chaque fois que son regard tombait sur Iktu. Le petit chien était visiblement issu du croisement d'un loup et d'une chienne. Lorsqu'arriverait l'hiver, il aurait la taille et l'allure d'un loup.

— Un Presque Loup, songea soudain Maïna, stupéfiée par cette découverte.

Aalasi découvrit Maïna perdue dans ses pensées. Elle lui avait apporté un morceau de phoque cru, le premier phoque rapporté par Natak en cette saison. Maïna fut surprise de trouver cette viande aussi délicieuse. Elle prit aussi un morceau de gras et but de l'eau. Puis elle enleva sa tunique et le froid la saisit.

— Tu peux commencer, dit-elle à Aalasi.

Aalasi suivit les instructions de Maïna. Elle prit une tige d'ivoire très pointue qui servait d'alène et l'enfonça dans la poitrine de Maïna. Elle martela ainsi, inlassablement, ses seins et son ventre, crevant la peau et faisant jaillir le sang chaque fois. Lorsqu'elle repartit, plutôt inquiète car elle n'avait jamais vu faire ce genre de marques, Maïna avait la peau ravagée. Le lendemain, Aalasi trempa une mince cheville de bois dans un mélange bleuté de suie et de pierre broyée. Elle appliqua la couleur dans chacun des petits trous creusés la veille et refit les mêmes gestes pendant quatre jours, jusqu'à ce que la couleur soit bien enfoncée et que les plaies commencent à cicatriser.

Le dernier soir du travail, Natak put visiter Maïna. Elle le rassura et promit de retourner bientôt à leur tente. Maïna avait éteint le feu pour que Natak ne voie pas ses marques, mais il put deviner les traits sombres sur son visage lorsque le vent fit trembler les peaux en laissant la lune se faufiler dans l'obscurité.

Trois jours plus tard, Aputik et Aalasi organisèrent une fête pour célébrer le retour de Maïna. Natak rapporta deux phoques et Kuitsé aussi. Il y aurait assez de viande pour que toute la tribu défile sous leur tente. Natak alla lui-même chercher Maïna. Elle avait allumé un beau feu, aussi vit-il tout de suite les marques permanentes sur ses joues. Natak regarda longuement la petite femme qu'il avait découverte un an plus tôt dans la neige. Une lueur sauvage brillait dans ses yeux aux couleurs de la toundra d'été. Elle possédait encore, quelque part en elle, cette source vive, cette force indomptable qui chavirait Natak. Son visage, par contre, était transformé. Maïna portait désormais l'empreinte du peuple des glaces.

Il la prit par la main, car il avait hâte que

les autres soient témoins de son courage et de sa beauté, mais Maïna l'arrêta et, à la lumière du feu, elle se dévêtit pour montrer à Natak ce qu'elle avait fait dessiner pour lui. Natak fut ébloui par ce paysage incroyable sur la peau de sa compagne. On eût dit que les lumières du nord y dansaient. Il eut envie de poser sa tête sur ce ciel velouté où des étoiles sombres brillaient d'une étrange lumière.

Les femmes dévorèrent Maïna des yeux et Mikiju sembla profondément blessée lorsqu'Ootek, son nouvel époux, un homme venu d'une autre baie, dit tout haut ce que tous pensaient déjà.

— Maïna est la femme la plus marquée.

Le compliment toucha à peine Maïna. Elle avait voulu des marques pour faire taire Mikiju, pour prouver aux femmes du pays de Natak que les Presque Loups étaient un peuple fort et fier, mais en route, comme au temps de son initiation, sa quête s'était transformée. Elle émergeait de ces longs jours de douleur avec l'impression de s'être surtout rapprochée de Natak et cela lui semblait bon.

Elle sut qu'elle avait raison lorsqu'avant de poser sa tête sur sa poitrine marquée Natak sortit de sous les fourrures un objet comme elle n'en avait jamais vu. C'était un ours de pierre, immobile et vivant. Il suffisait de tendre l'oreille pour l'entendre grogner, de l'observer attentivement pour voir battre son cœur sous l'épaisse fourrure. Ce n'était pas un ours et c'était plus qu'un ours. C'était une bête que Natak lui-même avait arrachée aux esprits. Et lorsqu'il déposa l'ours dans sa main, Maïna comprit que Natak se donnait à elle.

Vingt

La mer se ressouda à la côte et les oiseaux s'enfuirent. Natak apprit à Iktu, qui avait désormais la taille et l'allure d'un loup, à dénicher les trous de respiration des phoques sur la banquise. Maïna partageait son temps entre la chasse et le travail des peaux. Grâce à Aalasi, et surtout au petit Ugliuk, elle n'était pas trop triste de rester sous la tente certains jours pour coudre des bottes ou assembler une tunique. Ugliuk avançait à quatre pattes maintenant, comme Iktu. Ils se poursuivaient inlassablement, enfant et chien, sur la banquise balayée par le vent. Les cris de joie et les aboiements se mêlaient joliment dans le silence de l'hiver. Aalasi et Maïna riaient de trouver leurs protégés endormis l'un contre l'autre dans un coin de la tente et parfois même dehors sous une mince couverture de neige.

Maïna n'avait pas terminé sa nouvelle tunique, un vêtement unique. Elle avait longuement réfléchi avant d'en choisir la fourrure. La tunique des Presque Loups était toujours de caribou, mais les gens du pays de Natak taillaient leurs vêtements dans des peaux de phoque. Maïna décida finalement de marier les deux fourrures en ajoutant encore, comme elle l'avait fait pour la tunique de phoque de Natak, des empiècements de diverses fourrures en guise de décorations. Maïna avait interrompu son ouvrage au moment d'y coudre un capuchon. Les Presque Loups portaient un couvre-tête discret mais au pays de Natak, toutes les femmes en âge d'enfanter ajoutaient au dos du vêtement un immense sac qui servait tout à la fois de nid, de tunique et de tente à leur enfant.

Au retour d'une chasse, Natak vit la tunique incomplète et il interrogea Maïna. Le lendemain, il lui remit une griffe de renard, une autre d'ours et un bec de corbeau.

— Pour que notre fils soit vif et fort et qu'il résiste au froid, dit Natak.

Maïna cousit une pochette pour les amulettes et ajouta un vaste capuchon à sa tunique. Natak n'avait jamais parlé d'avoir un enfant. Les hommes des glaces, pas plus que ceux de la tribu des Presque Loups, ne discutaient de ces choses. Mais, en cousant son capuchon, Maïna y avait longuement réfléchi et elle avait senti qu'avec ses amulettes et son nouveau vêtement elle était réellement femme maintenant. Elle songea aussi qu'elle dormait à côté de Natak depuis plusieurs saisons déjà sans que son ventre ait gonflé. Maïna n'avait pas oublié les paroles d'Aputik.

— Elle est trop maigre pour enfanter un pou!

L'hiver avança, ni plus ni moins cruel que les précédents. Il y avait presque toujours du phoque à manger. Maïna s'habituait aux longues nuits glacées et aux jours presque sans soleil. Il n'y eut pas de réelle famine mais plusieurs très longues tempêtes. Maïna chassa le phoque souvent. Ses proies ne lui échappaient plus. Elle trouva un certain équilibre entre la chasse et le travail des peaux. Natak aussi semblait en paix. Il entreprit de faire vivre une autre pierre, qui se transforma en morse dans le dos duquel Natak enfonça un minuscule harpon d'ivoire. Le travail sembla interminable. À la fin, il s'acharna des nuits et des nuits à percer délicatement l'immense bête avant d'y planter presque tendrement l'arme meurtrière. Lorsqu'il offrit l'animal de pierre à Tadlo, celui-ci fut ému aux larmes.

Son fils avait réussi à capturer le monstre responsable de sa misère et il l'avait tué. Natak s'était enfin racheté. Tadlo lui pardonna son voyage insensé et il tenta dès lors d'accepter l'étrange femme que Natak avait choisie. Tadlo apprit à dormir avec le morse entre ses mains, persuadé qu'ainsi les fantômes de ses nuits n'oseraient plus le tourmenter, car ils craindraient d'être pétrifiés à leur tour.

Les jours finirent par s'allonger et le soleil de fin d'hiver souleva d'épaisses nappes de brume sur la banquise. Un matin, Natak suggéra à Maïna de laisser son chien dans la tente. Il désirait chasser à l'approche, espérant voir les phoques se chauffer au soleil, et il redoutait qu'Iktu ne les effraie.

Ce fut une journée merveilleuse. La glace crissait et craquait, le soleil incendiait la banquise et les phoques semblaient avoir oublié qu'il existait d'étranges bêtes rampantes armées de couteaux et de harpons pour les tuer. Maïna et Natak revinrent exténués en traînant deux phoques de bonne taille.

De retour au campement, Maïna chercha Iktu. Aalasi suggéra en riant qu'il s'était sans doute endormi au soleil avec Ugliuk. Mais Ugliuk s'amusait avec une fillette qui prétendait être sa mère. Maïna interrogea Liitsia. La jeune femme parut troublée, mais elle lui assura qu'elle n'avait pas vu le chien de la journée. Maïna sentit un goût amer monter dans sa bouche. Elle courut d'une tente à l'autre en cherchant son chien. Tous disaient ne pas l'avoir vu, mais Maïna reconnaissait souvent en eux la même gêne que chez Liitsia.

Elle aperçut Iktu allongé dans la neige, la gueule ensanglantée. Près de sa tête, sur la neige rougie, Maïna découvrit un os fin, extrêmement tranchant, et visiblement travaillé par l'humain. Iktu respirait avec difficulté, sa langue n'était plus qu'un amas de tissus lacérés saignant encore abondamment. Le chien reconnut sa maîtresse et, d'instinct, il bougea la tête comme pour lécher son bras. Maïna pleurait comme une enfant. Iktu était condamné. Toutes les plantes de la forêt, toutes les herbes du monde, ne pourraient le sauver.

Elle n'avait pas de lance, ni de harpon, ni de

couteau. Elle n'avait pas de lanière, ni de pierre. Alors elle caressa doucement le sombre pelage de loup d'Iktu et, en lui chuchotant des paroles tendres et apaisantes, elle serra ses doigts autour de son cou jusqu'à étrangler l'animal, qui ne hurla même pas. Puis, Maïna ramena la bête encore chaude sur son dos. Si Mishtenapeu avait été là, s'il avait vu la scène d'assez loin, il aurait cru reconnaître sa petite fille qui venait de tuer un loup. Mais cette fois Maïna n'avançait pas, radieuse et fourbue, son trophée sur le dos, elle flottait sans but, le cœur éclaté et l'âme à la dérive.

Natak expliqua à Maïna que l'os trouvé près d'Iktu servait à tuer les loups. Il avait dû être enfoncé dans un morceau de suif. Le loup léchait la graisse et l'os très effilé lui tailladait la langue. Excité par le goût et l'odeur du sang, la bête léchait davantage en se blessant encore plus cruellement. Le loup perdait beaucoup de sang, s'épuisait, et glissait lentement vers la mort. C'était un piège ingénieux et cruel inventé par les hommes du pays sans arbres pour se débarrasser des meutes affamées qui rôdent parfois autour des campements et pourraient s'attaquer aux chiens ou aux enfants.

Maïna dit qu'elle n'avait pas vu de loups et qu'elle n'en avait pas entendu non plus. Natak admit qu'elle disait vrai. Il avait honte des siens et il se sentait impuissant. Quelqu'un avait attiré Iktu au loin et lui avait offert un morceau de graisse. Quelqu'un avait voulu qu'il meure afin que Maïna souffre.

Natak resta éveillé toute la nuit, Maïna aussi. Le vent les harcela sans répit, il fit froid à fendre les pierres. Dès que la lumière du jour fut suffisante pour lui permettre de bien travailler, Maïna écorcha Iktu et elle prépara sa fourrure. Lorsqu'elle fut bien nettoyée, elle la tendit entre deux morceaux d'andouiller qu'elle alla planter au centre du campement, bien en vue. Maïna attendit que la peau ait suffisamment séché au soleil puis elle la découpa en larges bandes dont elle se servit pour border l'immense capuchon de son nouveau vêtement. Le jour même, Maïna enfila le vêtement puis elle fit le tour des tentes en invitant hommes, femmes et enfants à la rejoindre au centre du campement. Lorsqu'ils furent à peu près tous assemblés, Maïna grimpa sur une pierre et elle prit la parole.

— Ma tunique est de phoque et de caribou, commença-t-elle d'une voix fêlée par l'émotion. Elle est de mon peuple et du vôtre.

Sa voix s'affermit peu à peu et prit de l'ampleur.

— Nos peuples se sont entre-tués pour des pierres. Je n'étais pas là. J'ai quitté les miens parce que l'un d'eux, qui se disait chef, avait le cœur noir et du sang plein la tête. Natak m'a trouvée dans la neige et il m'a sauvée.

Le vent lui-même s'était tu. Tous écoutaient l'étrangère au visage marqué qui disait des choses graves et vraies.

— Ma tunique est de phoque et de caribou, répéta Maïna, mais j'y ai aussi réuni un peu de toutes les bêtes de la toundra qui est votre pays et qui aurait pu être le mien aussi.

Un loup hurla au loin. Tous l'entendirent. Maïna tressaillit et ses yeux se voilèrent.

— Ma tunique est de phoque et de caribou, mais autour de mon capuchon j'ai cousu l'âme et la fourrure de mon chien. Celui ou celle qui l'a tué est parmi vous. Osera-t-il se montrer? J'ai gardé pour lui un morceau de la fourrure d'Iktu et je voudrais le coudre à son vêtement pour qu'il n'oublie jamais.

Ce territoire de glaces n'avait jamais été aussi silencieux. On aurait dit que toutes les bêtes qui volaient, rampaient, couraient, nageaient, s'étaient immobilisées pour écouter Maïna.

— Ma tunique est de phoque et de caribou, dit-elle encore, comme si ces paroles constituaient un chant, et même si les mots tremblaient dans sa gorge comme les feuilles de son pays. Je suis différente mais je porte sur mon corps les marques du peuple des glaces. Et j'aime Natak.

Maïna se tut, mais, longtemps après, ses paroles résonnaient encore dans le silence de la toundra.

Vingt et un

Un soir, vers la fin de l'hiver, Noha, le vieil ami de Tadlo, vint partager le feu de leur tente. Ils lui offrirent le peu qu'ils avaient : du phoque et de l'eau tiède. L'hiver avait laissé de profondes empreintes sur le visage de Noha. Il avait vieilli de plusieurs années en une seule saison, comme cela arrive parfois. Lutter contre le froid avait soudain représenté un travail au-dessus de ses forces et il s'était épuisé à tenter de garder un peu de chaleur dans son corps. Chaque jour avait été un supplice.

Noha n'avait plus d'enfant vivant. Il partageait la tente d'Ootek, son petit-fils, le mari de Mikiju. Ootek s'était plaint, tout au long de l'hiver, que Noha ne voyait plus clair. Il visait des roches en croyant voir un phoque et les rares fois où il plantait son harpon dans quelque chose de vivant, il n'avait plus la force de hisser la bête hors de l'eau et encore moins de la ramener au campement. Un matin, Noha n'eut même plus la force de partir avec les autres chasseurs. Il était devenu un corps inutile, une simple bouche à nourrir.

— Au retour des oiseaux, je serai mort,

annonça Noha à Tadlo en buvant à petites gorgées l'eau tiède dans son gobelet de peau de phoque.

Ils comprirent tous que le vieil ami de Tadlo n'attendrait pas que les esprits le réclament, il déciderait lui-même de sa fin. Noha était venu parce qu'il avait ressenti le besoin de dire cela tout haut et aussi parce qu'il désirait exprimer un vœu. Malheureusement, Tadlo, avec ses pieds arrachés, ne pouvait guère aider son ami à exaucer ce souhait. Noha désirait revoir, une dernière fois avant de mourir, la petite baie au pied des falaises où il avait grandi et tué ses premiers phoques. C'est là aussi qu'il voulait achever de vivre. L'endroit était à deux jours de marche, trois tout au plus, en longeant la côte. Au printemps, par contre, il faudrait deux fois plus de temps, car la toundra gorgée d'eau rendrait la marche pénible.

—Je veux voir les mouettes attaquer la falaise et les entendre s'égosiller au-dessus de la mer, dit Noha.

Maïna reçut ces paroles comme un coup. Elle comprenait bien ce que Noha voulait dire. Il ressentait, dans sa chair même, comme elle si souvent, l'appel insistant de son territoire. Il existait, non loin de leur campement, une baie semblable à tant d'autres mais qui pour lui était unique. Noha en connaissait chaque pierre, chaque colline, il pouvait dessiner dans sa tête les saillies et les creux des falaises et savait d'avance où fleuriraient les pavots couleur de soleil et les anémones aussi bleues que le ciel.

—J'irai avec toi, dit Natak au vieil homme, qui espérait sans doute cette promesse mais n'en fut pas moins ému.

Maïna fut touchée, comme si ces paroles lui étaient destinées, et elle songea que Natak comprenait sans doute ce à quoi elle avait renoncé pour lui.

Natak craignait que le soleil ne chauffe vite et fort, que la glace n'amollisse subitement et ne devienne sournoise. Il suggéra qu'ils partent dès le lever du jour. Kuitsé chasserait pour tous en son absence, Maïna pourrait l'accompagner. Tadlo veillerait sur Ugliuk pendant qu'Aalasi et Aputik se chargeraient du feu, car il fallait beaucoup marcher pour ramener du combustible, les réserves de mousse sèche étant épuisées.

Les corbeaux poussèrent des cris alarmants pendant que Natak roulait ses peaux et découpait quelques repas dans les restes d'un phoque. Le ciel était clair, le vent glacé. Avant de partir, Natak frotta son nez contre les joues de Maïna, puis il chercha son regard afin de mieux graver dans sa mémoire les couleurs mêlées de terre et de pierre. Il fut surpris et inquiet de découvrir tant d'angoisse dans ses yeux.

Maïna observa les silhouettes de Natak et de Noha rapetisser lentement puis disparaître. Elle dut lutter très fort pour ne pas courir vers Natak et le supplier de revenir. Ce matin-là, elle s'était réveillée avec une peur sourde au ventre. Elle sentait qu'un mal étrange rôdait, prêt à bondir. Elle avait entendu les croassements incessants des corbeaux et aurait tout donné pour entendre plutôt hurler les loups.

La journée fut pourtant radieuse et la chasse bonne. Kuitsé sembla apprécier la présence silencieuse de Maïna et il fut impressionné par son adresse, sa patience et sa force. Elle avait appris à pressentir les bêtes et réussissait, comme tous les bons chasseurs, à se transformer en phoque pour mieux le chasser. Maïna avait compris depuis longtemps ce que le rendez-vous avec une proie avait d'intime et d'absolu. Elle savait que ce corps à corps d'apparence brutale n'était en réalité qu'une étreinte où l'un, finalement, s'abandonnait à l'autre.

Ils revinrent tard, mangèrent en silence, puis se glissèrent sous les fourrures. Ugliuk, qui courait désormais partout, tenta en vain d'attirer l'attention de Maïna avec des cris et des pitreries, mais elle ne sembla même pas le voir. Pendant la nuit, une fine poudre blanche tomba du ciel. Le vent enfla et s'amusa à faire tournoyer la neige, soulevant des gerbes vite démantelées. Les flocons s'infiltrèrent dans les tentes et se répandirent sur les paupières closes des hommes, des femmes et des enfants trop épuisés pour se réveiller.

Maïna avait les yeux grand ouverts, son cœur cognait dans sa poitrine. Elle sentait encore cette menace d'orage dans son ventre et savait que ce qu'elle redoutait tant n'avait rien à voir avec la rage soudaine du ciel. Un drame se préparait, elle en était sûre. Au matin, le vent soufflait si fort que les hommes n'allèrent pas chasser. Par précaution, ceux qui sortirent de leur tente pour se soulager attachèrent une lanière de harpon à leur poignet afin de retrouver leur route, car on ne voyait pas le bout de son pied.

Dans la tente de Tadlo, tous s'inquiétaient sans le dire. Natak s'était-il creusé un abri assez vite dans la neige? Maïna craignait qu'il ne lui arrive malheur en travaillant dur pour aider Noha, qui aurait du mal à se débrouiller dans cette tempête. Dans les autres tentes, le sort de Natak était moins au cœur des préoccupations mais tous, hommes, femmes et enfants, se sentaient écrasés par cette nouvelle offensive de l'hiver. Ils avaient faim et soif de vie, de lumière et d'oiseaux, de sons, de couleurs et de fleurs. Aussi, lorsqu'à la fin de ce long jour le vent s'éclipsa soudain, chacun fut heureux de sortir de sa tente ou de recevoir la visite de quelqu'un. Ils finirent tous par s'entasser dans quelques abris pour chanter autour du feu, lancer des osselets ou s'adonner à des jeux de ficelles, inventant des dessins compliqués en tortillant un mince cordon de cuir entre leurs doigts.

Maïna suivit Aalasi et Kuitsé, mais elle ne réussit pas à se mêler aux paroles, aux chants et aux rires. Elle retourna à sa tente, ralluma le feu et se pelotonna sous les fourrures. L'absence de Natak lui pesait beaucoup mais, surtout, elle n'arrivait pas à se débarrasser d'un grave pressentiment, une vague terreur, comme une impression de fin du monde. Elle finit quand même par s'endormir et rêva d'un oiseau immense, comme un corbeau géant aux serres redoutables, qui parcourait le ciel, très bas, au-dessus de la banquise. Il frôlait souvent la neige dure et y répandait chaque fois de longues traînées de sang. On aurait dit que la banquise était vivante et que l'oiseau lui labourait le ventre, faisant jaillir au passage ces ruisseaux écarlates.

Dans les autres tentes, la soif de printemps et de renouveau avait mené à l'idée d'éteindre les feux pour favoriser l'échange de partenaires. Kuitsé et Aalasi s'étaient livrés de bon cœur à ce jeu et Aputik aussi sans doute, mais Tadlo se sentait diminué depuis que son corps était amputé et qu'il ne chassait plus ; aussi se livrait-il plus difficilement à ces échanges. Ce soir-là, en plus, il s'inquiétait pour son vieil ami Noha et, surtout, pour son fils Natak.

Tadlo quitta la tente sans prendre femme. Il avança péniblement dans la nuit glacée sur ses moignons auxquels étaient fixés des semblants de pieds, ridicules plates-formes d'os et de fourrures réunis qui l'aidaient malgré tout à marcher en équilibre. Le concert de rires et de cris jaillissant déjà des tentes assombrit davantage son humeur, aussi n'eut-il pas envie de retourner à sa tente, car il devinait que le sommeil ne viendrait pas.

Maïna s'éveilla brusquement, encore habitée par des rêves d'oiseau noir et de sang. Elle sentit l'air froid s'engouffrer dans la tente et comprit qu'un ou plusieurs de ses compagnons venaient de rentrer. Pour mieux s'arracher à ses cauchemars, elle se releva et fut surprise de ne pas reconnaître immédiatement l'homme qui avançait vers elle. Il fit quelques pas encore et Maïna sentit le sang se figer dans ses veines.

— Saito!

Le cri s'étrangla dans sa gorge. Pendant un bref moment, elle avait cru reconnaître Saito. C'étaient les mêmes petits yeux cruels, sournois, le même regard glouton. Sa tête de carcajou.

— Montre-moi les dessins sur ton corps, dit l'homme qu'elle reconnaissait maintenant.

C'était Ootek, le compagnon de Mikiju.

— Choisis une autre femme, dit Maïna. Je ne veux pas dormir avec toi.

Le visage d'Ootek se tordit en un sourire mauvais.

— L'étrangère croit qu'il n'y a que Natak? Attends...

Ootek s'approcha de Maïna et tenta de lui arracher sa tunique, mais elle se débattit en déployant une force surprenante. L'obscure angoisse qui couvait en elle depuis le départ de Natak venait de crever, elle savait enfin contre quoi elle devrait lutter. La colère remplaça la peur. Maïna était résolue à ne pas laisser

Ootek la dominer. Elle était prête à se défendre comme une louve, à tenir bon quoi qu'il advienne jusqu'à ce qu'Ootek retourne à sa tente.

Maïna n'eut pas tout de suite conscience de l'importance que prenait ce combat, qui était bien plus qu'une lutte contre le mari de Mikiju. C'était un corps à corps avec son passé, avec son destin. Maïna voulait résister à Ootek non seulement parce qu'elle avait choisi d'appartenir à Natak, mais aussi parce qu'Ootek lui rappelait Saito. Elle ne voulait pas seulement échapper à l'étreinte d'un homme qui lui répugnait, elle se battait au nom de sa longue traversée, de la forêt jusqu'à la banquise, au nom des Presque Loups qu'elle avait dû fuir, au nom de Manutabi que ce périple lui avait ravi, au nom de Tekahera qu'elle avait dû abandonner, parce que c'était le prix à payer pour ne pas appartenir à Saito.

Elle griffa Ootek, le mordit et le roua de coups, mais ses attaques à lui étaient bien plus efficaces et brutales. Excité par la fureur de Maïna, il semblait prêt à tout pour atteindre son but. Il l'assomma presque avant de briser sa belle tunique de phoque et de caribou, ce vêtement auquel elle avait si longuement travaillé et qu'elle avait conçu comme un lieu de rencontre de ses deux pays. En entendant les coutures lâcher, Maïna sentit quelque chose se briser en elle et une rage sans bornes l'envahit.

Elle vit, près du feu, le couteau que Natak lui avait donné. L'arme était trop loin pour qu'elle puisse l'atteindre en étirant un bras. Pour réussir à s'en emparer, il lui fallait échapper à Ootek pendant quelques instants au moins. Alors elle conçut un plan qui la révoltait mais qui lui sembla le seul à pouvoir réussir. Elle cessa de se débattre et inventa des gestes pour convaincre Ootek qu'elle s'abandonnait à lui. D'abord étonné, il grogna bientôt de plaisir. Il prit le temps d'admirer le paysage fascinant sur la poitrine et le ventre de Maïna et caressa sa peau qui était tendre et soyeuse. En levant les yeux, il surprit son regard, calculateur et froid, un regard qui aurait dû lui glacer le dos, mais Maïna comprit le danger à temps et elle lui prodigua des caresses qui lui firent tout oublier. Ootek se redressa pour retirer son lourd pantalon en peau d'ours.

Maïna se tortilla, étira le bras, toucha enfin la pointe de pierre du bout de ses doigts, s'empara du couteau et le glissa prestement sous sa cuisse. Elle crut que son cœur allait exploser. L'arme était là, contre sa peau, mais elle ne se sentait plus la force de la brandir. Une douleur vive martelait ses tempes et elle avait envie de vomir. Elle ne songeait déjà plus à tuer Ootek, elle se sentait seulement affreusement triste et épuisée.

Ootek n'avait rien vu. Il était nu maintenant. Il s'allongea sur la fourrure d'ours qui servait de lit et Maïna respira son haleine âpre, écœurante. Elle sentit son membre gonflé sur son ventre et comprit qu'il avait gagné. Bientôt, il planterait son sexe entre ses cuisses et il la posséderait contre son gré. Cette réalité s'ancra en elle. Après toutes ces luttes, toutes ces souffrances, Saito ou l'un de ses semblables pouvait encore la poursuivre et la réduire à rien. Maïna sentit une volonté implacable prendre forme et des forces nouvelles l'envahir.

— Va-t'en, Ootek! Laisse-moi, sinon je te tue, cria-t-elle.

Ootek fut surpris de découvrir qu'elle lui résistait encore. Il avait cru conquérir la femme de Natak. Il s'était senti si fier lorsqu'elle s'était enfin laissée glisser dans ses bras. N'avait-elle fait que prétendre pour l'humilier davantage en se refusant ensuite?

— Sale étrangère, cracha Ootek en enfonçant ses ongles dans les frêles épaules de Maïna.

Il se mit à la secouer sauvagement, ivre de désir et de rage. Maïna sentit sa tête heurter plusieurs fois le sol dur. Ootek finit par lâcher prise et elle retomba brutalement sur les fourrures. Il la fixa alors de ses petites prunelles rondes, chargées de haine, puis il se pencha comme pour frotter son nez contre sa joue mais, au lieu, il enfonça ses dents dans son cou et la mordit cruellement. Maïna hurla de douleur. Il y eut ensuite un court moment d'immobilité et de silence. Maïna sentit le sang couler sur son cou. Elle crut qu'Ootek avait abandonné, qu'il s'était enfin dégoûté de cette lutte, mais il était plus que jamais décidé à la prendre. Il cracha du sang puis s'écrasa contre Maïna.

Tadlo entendit le cri de Maïna. Il courut, en tombant souvent et en pestant contre ses pieds ridicules. Lorsqu'il pénétra dans la tente, il vit la pointe de pierre s'enfoncer dans le dos nu d'Ootek puis encore et encore. Ootek était déjà mort pourtant. Son corps gisait, inerte et sanglant, sur Maïna qui continuait à le frapper avec un peu moins de force chaque fois. Soudain, devant le regard horrifié de Tadlo, le cadavre sembla s'animer, mais il ne fit que rouler à côté de Maïna qui continuait à planter son couteau. La pointe de pierre pénétra dans la chair de la jeune femme cette fois et le sang gicla sous la cage thoracique.

Tadlo émergea de sa torpeur et se rua sur Maïna, lui arrachant le couteau des mains. Elle semblait égarée, comme si elle n'arrivait pas à s'extirper d'un cauchemar. Tadlo eut alors pitié de cette étrangère indomptable qui refusait d'appartenir à un autre que son fils. Il assomma Maïna d'un coup de poing puis, au prix d'efforts surhumains, il traîna le corps d'Ootek loin du campement. Parce que ses jambes n'étaient pas assez solides pour le soutenir dans cette tâche, Tadlo rampa, lentement, péniblement, tirant le cadavre jusqu'à lui avant de se traîner à nouveau, répétant les mêmes gestes, encore et encore. Lorsqu'il n'eut plus de forces, il livra le corps d'Ootek aux corbeaux.

Au retour de Tadlo, Maïna délirait et perdait beaucoup de sang. Aalasi et Aputik s'affairaient autour d'elle. Elles firent un pansement avec du cuir et des fourrures, réparèrent rapidement sa tunique et la vêtirent, dissimulant ainsi ses principales blessures. Seules quelques égratignures au visage, un œil gonflé et une coupure à la lèvre témoignaient encore de sa lutte contre Ootek. Aputik avait déjà nettoyé le couteau et les fourrures rougies. Tadlo décida qu'ils garderaient Maïna cachée dans la tente jusqu'à ce que son visage soit comme avant. Ils inventeraient une maladie, une fausse couche, n'importe quoi.

Ils finirent tous par s'endormir, épuisés et inquiets. À leur réveil, Maïna avait disparu.

Vingt-deux

Au début, Maïna voulait seulement fuir la tente où elle avait tué. Sa tête était lourde, ses pensées brumeuses et ses blessures la faisaient cruellement souffrir.

Elle avait traversé des vallons, escaladé quelques buttes et collines, pour finalement atteindre la rivière qui l'avait menée au pays de Natak quelques saisons plus tôt. Elle s'était alors arrêtée une première fois pour dormir dans un trou mal abrité du vent. Avant de quitter la tente de Tadlo, elle avait pris sa peau de loup, un bon morceau de phoque, une petite outre, des pierres à feu, deux peaux de caribou, son arc, ses flèches et son couteau. Elle gardait à son cou sa pochette sacrée ainsi qu'un autre petit sac dans lequel dormait l'ours de Natak.

À peine eut-elle fermé les yeux, Maïna bascula dans un sommeil pesant. Elle s'éveilla au lever du jour en cherchant Natak à ses côtés. De monstrueux souvenirs l'assaillirent. Elle reprit donc sa route en mâchonnant un morceau de phoque cru. Maïna marcha pendant trois jours, mue par le seul désir de s'éloigner du lieu où elle avait tué. Au quatrième matin, elle ne se remit pas en route. Elle chercha des branches de saule, creusa la neige pour trouver de la mousse, fit un feu et s'assit pour contempler les flammes.

Natak était revenu au campement, elle en était sûre. Il ne lui était rien arrivé de grave durant la tempête. Tadlo avait sans doute annoncé à son fils que sa compagne avait fui après avoir tué Ootek et Natak avait eu honte d'elle encore une fois.

Après ce meurtre, Maïna ne pourrait vivre parmi eux. Elle deviendrait pire qu'une étrangère : une proscrite. Et tous ceux qui conserveraient des liens avec elle seraient eux aussi bannis. Maïna avait entendu des hommes et des femmes raconter autour du feu l'histoire de certains des leurs ainsi condamnés.

Elle pourrait toujours s'entêter, rester, mais ce serait courir vers la mort. Les gens du peuple des glaces acceptaient que l'un d'eux tue, au nom de l'honneur, l'homme qui avait emprunté une femme sans permission ou la femme qui s'était accouplée à un autre sans l'accord de son mari. Natak aurait peut-être lui-même tué Ootek si elle ne l'avait déjà fait. Alors, tout aurait été différent, car Natak était un homme et il n'était pas un étranger.

Mais après, Natak aurait senti l'ombre de la mort planer au-dessus de sa tête, car la famille d'une victime devait se venger. Un jour, peu après le meurtre ou des années plus tard, la femme, le père, le frère ou le fils de la victime fondait sur le meurtrier et l'abattait de la plus terrible manière afin que l'esprit de leur mari, de leur fils, de leur frère ou de leur père soit libéré de la honte d'avoir péri comme une bête sous l'arme d'un humain. Maïna pourrait toujours s'entêter, rester, mais elle vivrait alors dans l'angoisse perpétuelle d'être assassinée pendant son sommeil.

Et Natak. Que deviendrait Natak? S'il s'entêtait à dormir auprès de Maïna, il perdrait l'amitié des siens. Au début, ils le plaindraient peut-être de s'être laissé ensorceler par une femme qui à leurs yeux avait toujours semblé mauvaise mais à force de le voir revenir de la chasse avec l'étrangère et se glisser sous la tente avec elle, ils le détesteraient comme ils la détestaient elle aussi.

— Mon pays n'est pas ici, dit Maïna tout haut en observant les dernières flammes qui mouraient.

Elle avait quitté son propre pays, cette forêt qui chantait en elle, pour échapper à Saito. Sa route n'avait pas été ce qu'elle attendait mais elle l'avait poursuivie malgré tout, croyant que les loups exigeaient qu'elle suive l'étoile du Grand Caribou. Mais voilà que soudain les loups s'étaient tus. Le jour où Natak était parti avec Noha, Maïna avait senti que les loups l'abandonnaient.

Elle avait quitté son propre pays, cette forêt qui dansait en elle, pour s'attacher à des paysages de neige, de pierre, de mousse et de glace, pour apprivoiser les brusques changements de lumière, les ombres mouvantes, le vent bondissant sur les pierres et les plaintes langoureuses de la glace qui ondule, se tord et craque. Mais voilà que soudain ce pays la rejetait.

Elle avait quitté son propre pays, cette forêt qui plongeait ses racines en elle, et au bout d'une longue route, Natak était apparu. Elle avait découvert que les légendes de Tekahera n'étaient pas toutes vraies. Les hommes du pays de glace n'étaient pas tous cruels et sans pitié. Ils avaient parfois le corps chaud et le cœur immense. La mer noire dormait dans leurs yeux et des rêves foudroyants les habitaient. Certains d'entre eux savaient même inventer la vie. D'une roche, ils faisaient un ours, et qui sait s'ils ne pouvaient aussi transformer le vent en pierre et le ciel en eau.

— J'aime Natak, dit Maïna tout haut avant d'ajouter d'un même souffle : les loups m'ont abandonnée.

Il n'y avait pas d'autre explication. Elle avait fait tout ce chemin pour atteindre un gouffre. Pour perdre Natak comme elle avait perdu, un à un, tous ceux qu'elle aimait.

Vingt-trois

Natak avait craint que Noha ne meure au fond du trou de neige où ils étaient blottis. Dès que s'était levée la tempête, le vieil homme avait semblé perdre tout espoir de revoir un jour la petite baie où il avait souhaité mourir. Mais Natak s'était senti fouetté par ce brusque abattement de l'homme dont il avait la charge. Il avait décidé de mener Noha jusqu'au pied des falaises dont il rêvait, dût-il le porter sur son dos.

Au plus fort de la tempête, pendant que le vent sifflait en éparpillant furieusement la neige, Natak dut lutter pour maintenir le vieil homme en vie et après de longues heures de veille, il finit par s'endormir malgré lui. Il s'éveilla, le souffle court, le cœur transi. Noha était vivant, mais Natak ne parvenait pas à s'en réjouir. Le souvenir du regard anxieux de Maïna et des cris des corbeaux juste avant son départ le hantait. Natak comprit qu'il devait vite rentrer au campement. Pourtant, il ne pouvait se résoudre à abandonner Noha.

Il observa le vieil homme. Son visage était aussi plissé que la peau d'un morse, ses prunelles presque éteintes et son corps rabougri. Natak se leva, secoua la neige de sa tunique, but de l'eau, puis tendit l'outre à Noha. Il chargea ensuite le vieil homme sur son dos et se mit en route, étranger à ce poids, songeant seulement au moment où il retrouverait enfin Maïna.

Natak se promit alors de ne plus jamais se séparer d'elle, de l'emmener partout, où qu'il aille. Il marcha très longtemps, malgré la fatigue et le froid, jusqu'à ce qu'il aperçoive au loin la baie ceinturée de falaises que recherchait Noha.

Toutes traces de campement avaient disparu. Le vieil homme dit que c'était bien ainsi. Il n'avait pas accompli cette route pour revoir des humains mais un territoire où il voulait tranquillement achever de vivre. Natak le mena à une butte, tout près des falaises. Il lui laissa ses fourrures, son outre et le dernier morceau de phoque.

Il repartit les mains vides et ne s'arrêta plus, profitant d'une lune à moitié pleine pour poursuivre sa route jusqu'au campement. Au moment où il distingua enfin sur la banquise les taches sombres représentant les tentes des siens, Natak trébucha sur une masse dure. Il se pencha, balaya la neige, et ses yeux s'agrandirent lorsqu'il reconnut le cadavre d'Ootek, le dos criblé de blessures.

Natak écouta attentivement le récit de Tadlo. Il tentait vainement de s'intéresser à cette multitude d'informations éparses : l'assaut d'Ootek, le couteau au poing de Maïna, la blessure à son cou, l'autre à son ventre, les pansements de fourrure, le corps d'Ootek que Tadlo avait traîné si loin, en rampant. Mais toutes ces paroles glissaient sur lui comme l'eau de mer sur le dos d'un phoque. Natak ne retenait qu'une seule poignée de mots : Maïna avait disparu.

Tadlo l'empêcha de repartir. Maïna pouvait être n'importe où.

— Même si tu la retrouvais, Natak, tu la perdrais ensuite. Ils croient tous qu'Ootek a fui avec elle. Lorsqu'ils retrouveront le corps, ils devineront que Maïna a tué. Et ils la tueront. Demain ou à la prochaine saison.

Natak ne dit rien. Il s'enfouit sous les fourrures et ferma les yeux.

Vingt-quatre

Maïna allait repartir. Elle avait froid, les cendres de son feu étaient presque tièdes.

— Le printemps ne reviendra donc jamais? songea-t-elle.

Elle avait décidé de refaire le long trajet jusqu'à la forêt des Presque Loups. Elle avancerait sur la rivière gelée jusqu'à ce que la glace crève. Alors, elle construirait un bateau. Les gens du pays sans arbres parvenaient à faire flotter une fragile embarcation avec presque rien. Sur ce bateau de fortune, elle remonterait la rivière jusqu'à la ligne de partage des eaux. Après, elle se laisserait porter par le courant.

Elle avait décidé de retourner vers les Presque Loups mais un fil invisible, qu'elle cherchait à rompre, la retenait encore, malgré elle, dans ce pays qui n'était pourtant plus le sien. Maïna avait l'impression de partir en oubliant des bagages. Comme si elle quittait un campement en laissant un couteau ou une fourrure derrière. Quelque chose de nécessaire, d'important, d'essentiel.

Elle se leva, attacha les fourrures dans son dos et balança sa peau de loup par-dessus.

— Je n'ai pas oublié les loups, dit-elle lentement, en pesant chaque mot.

Maïna s'immobilisa.

— POURQUOI? cria-t-elle soudain en scrutant la toundra infinie. POURQUOI? hurla-t-elle encore, d'une voix si déchirante que les loups, s'ils avaient été là, l'auraient sûrement entendue.

Ce petit fil qui la retenait n'était peut-être que ce mot, cette question qui la hantait depuis qu'elle avait quitté seule, en canot, la pointe de la rivière aux truites. Pourquoi les loups l'avaient-ils attirée jusque-là? Une seule réponse s'était imposée au fil des saisons, au cœur des souffrances. Les loups voulaient qu'elle se rende au bout de sa route, qu'elle aille jusqu'au bout d'elle-même.

— J'ai atteint le pays des glaces, cria-t-elle au vent puisque les loups semblaient absents. Plus loin, c'est le bout du monde. Le vide. On tombe dans un trou. Dois-je poursuivre au-delà?

Le dépit monta jusqu'à ses lèvres comme une sève brûlante.

— J'ai perdu un à un tous ceux que j'aimais. J'ai planté un couteau dans le dos d'un homme. Je n'ai plus de forces. Allez, les loups! Sortez de vos antres, quittez vos tanières. Dites-moi! Comment puis-je continuer? Faut-il que je plante un couteau dans ma propre chair pour être libérée?

Si c'était là ce qu'exigeaient les loups, ils l'obtiendraient facilement. Maïna savait combien était fragile son projet de retourner à la forêt des Presque Loups. En route, il y aurait tant de raisons pour préférer mourir.

Profitant de l'énergie que lui procurait sa colère, elle se décida enfin à repartir. Elle fit un pas, puis deux, sur la rivière glacée. Sa vue était brouillée par une eau ridicule qui se répandait maintenant sur ses joues. Elle essuya son visage avec la manche de sa tunique et s'arrêta brusquement.

Il était là, devant elle. Étrange et magnifique dans son pelage de neige. C'était un loup mais d'une race différente. Un loup blanc. Dans ses yeux aux prunelles cerclées de noir se mêlaient toutes les couleurs de la toundra. Il se tenait immobile au milieu de la route glacée. On eût dit qu'il refusait de la laisser passer.

Maïna resta figée, à la fois éblouie et stupéfiée. Elle chancela soudain, se rattrapa. Fit un pas. S'arrêta. Elle songea alors que rien – pas même un loup – ne pouvait lui barrer la route. Sans doute pouvait-il l'attaquer. La mordre, la dévorer. Mais rien ne l'empêcherait d'avancer si elle le décidait. C'était une question de courage et de volonté.

Elle continua à fixer ce loup dont la beauté était si bouleversante.

— Une question de croyance, de conviction, dit Maïna tout haut.

Et sur ces mots, le barrage sauta.

Pourquoi? Maïna devinait qu'elle était à quelques pas seulement de la réponse à cette question qui la hantait depuis si longtemps.

— Une question de croyance, de conviction, répéta-t-elle encore.

Une paix soudaine l'envahit. Les loups ne l'avaient jamais abandonnée. Elle en était persuadée. Ce matin où Natak était parti, elle avait simplement cessé de *croire* en leur présence. La mort d'Iktu avait ébranlé ses convictions. Elle avait eu peur soudain, terriblement peur, de perdre aussi Natak. L'angoisse l'avait envahie telle une marée sournoise avalant tout sur son passage.

Les loups ne l'avaient pas abandonnée et ils ne l'abandonneraient jamais. Mais elle pourrait toujours, elle-même, rompre leur pacte, cette fabuleuse promesse de fidélité. Elle pourrait toujours fuir, courir, tuer, mourir, parce qu'elle se croyait seule, mais les loups, noirs ou blancs, lumineux ou sombres, seraient quand même là, tout près.

Maïna se sentit de nouveau habitée par l'extraordinaire présence de son esprit tutélaire. Puis la question revint. Obsédante.

POURQUOI? Quelle était sa mission? À moins que cette quête secrète n'existe pas...

Des paroles surgirent de sa mémoire. Des mots qu'elle avait elle-même prononcés. Ne connaissait-elle pas depuis longtemps la réponse? Elle se revit, grimpée sur une pierre, habillée d'un vêtement neuf, le cœur empli d'une certitude extraordinaire.

— Ma tunique est de phoque et de caribou, avait-elle dit. Elle est de mon peuple et du vôtre.

Elle n'avait pas choisi entre deux fourrures, elle les avait réunies. Il y avait là une promesse, un projet grandiose. Debout devant tous ces gens du peuple des glaces, elle avait encore ajouté ces simples mots si importants :

— Et j'aime Natak.

Toutes les réponses du monde étaient là.

Vingt-cinq

— Pars, Manutabi. Retourne à Mastii, dit doucement Tekahera.

Ils étaient debout sur le rivage à contempler l'or éparpillé sur la grande eau. De ce côté de l'île, on pouvait deviner au loin le campement des Presque Loups.

Manutabi ne voulait plus partir. Il était arrivé en canot, le cœur barbouillé, le regard noyé.

— Je voulais te voir, avait-il dit à Tekahera.

Tekahera avait ri.

— Non, Manutabi. Tu la cherches, elle. Comme moi. Tu as traversé la grande eau dans ton canot parce que Maïna me ressemble. Parce que tu espérais la retrouver un peu dans ma démarche ou dans mes yeux.

Manutabi avait baissé la tête, comme un enfant pris en faute.

— Pars, Manutabi. Maïna est loin, mais elle est vivante.

Tekahera l'observa longuement. Elle découvrait qu'il n'avait pas trouvé la paix dans les bras de Mastii, qu'il était encore hanté par de terribles secrets. Et qu'il était encore habité par Maïna. Même loin, elle le possédait encore.

Tekahera eut pitié de lui.

— Ne le dis à personne, chuchota-t-elle. Je sais où dort Maïna. Elle a franchi la frontière des arbres. Elle habite au pays des mangeurs de viande crue. Bientôt, elle m'enverra un signe afin que je puisse mourir tranquille.

Tekahera vit Manutabi pâlir. Elle soupçonna alors qu'il connaissait ce pays où Maïna s'était rendue, ces terres inquiétantes et lointaines que les Presque Loups n'avaient jamais visitées.

— Que sais-tu ? lança-t-elle, soudain jalouse de ce qu'il savait.

Manutabi raconta le long périple des siens jusqu'au pays sans arbres. Il lui fit le récit de la bataille dans la baie des pierres de lune sans cacher la sauvagerie des siens. Il dit aussi que les hommes du pays des glaces n'étaient pas comme elle l'avait cru.

Un grand bonheur submergea Tekahera. Son visage s'épanouit d'un large sourire. Maïna allait bien. Elle était mieux que simplement vivante. Elle lui avait enfin envoyé un message par la bouche de Manutabi. Sans doute Maïna voulait-elle qu'elle sache, avant de mourir, que ses légendes n'étaient pas toutes vraies. Sa presque fille était allée à la rencontre d'un peuple qui n'était pas cruel et sans pitié. Maïna n'était encore qu'au début d'un très long périple, il lui restait encore beaucoup de chemin à parcourir.

— Les loups l'ont donc réellement chargée d'une mission, dit-elle tout haut et elle rit de découvrir que Manutabi n'y comprenait rien.

Maïna était bel et bien l'élue des loups, leur protégée. Tekahera l'avait deviné le jour même où elle l'avait entendue hurler dans la tente de Mishtenapeu. Elle ressemblait encore à une petite grenouille et, pourtant, elle avait déjà échappé à la mort et à l'abandon. Ce jour-là, Maïna lui avait harponné le cœur. Elle l'avait envoûtée, elle, Tekahera, qui se croyait pourtant libérée de ces liens avec les humains depuis qu'elle partageait une île avec les goélands et les macareux. Tekahera avait pris Maïna en charge, retournant à la côte chaque printemps pour aider sa presque fille à grandir, tout en sachant que l'esprit des loups, le plus important après le Manitou, viendrait la réclamer un jour.

— Pars, Manutabi, dit tendrement Tekahera. Maïna t'a aimé et elle t'aime sans doute encore. Mais vos routes se sont séparées. Tu ne pouvais rien, cesse de te torturer. Maïna ne t'appartiendra jamais et cela ne dépend ni d'elle ni de toi. Tout cela était inscrit depuis toujours dans l'omoplate de tous les caribous. Crois-moi. J'ai lancé tant d'os dans les braises. J'ai eu peur moi aussi pour Maïna. Mais je n'aurais pas dû.

Tekahera vit de grandes nappes de brume déserter enfin le regard de Manutabi.

— Elle t'a confié sa meilleure amie, ne l'abandonne pas, dit encore Tekahera avant de se retirer dans un profond silence que plus rien désormais ne viendrait rompre.

Manutabi retourna à son canot et il traversa de nouveau la grande eau, de l'île à la côte.

Tekahera marcha jusqu'à la fosse qu'elle avait creusée des semaines plus tôt. Elle avait hâte que son âme fuie, hâte aussi, si hâte, de rejoindre enfin Mishtenapeu.

Elle descendit dans la fosse sans arme ni lanière, sans rien pour se donner la mort. Tekahera savait que celle-ci viendrait bientôt, qu'elle serait douce et tendre. Elle s'allongea sur la terre humide alors que le soleil basculait derrière l'horizon. Au matin, elle ne respirait plus.

Vingt-six

Natak attendit tout un jour durant lequel il chassa le phoque malgré sa grande lassitude. Il ramena la viande aux siens, en mit un morceau dans un sac de peau et emplit de nouveau son outre d'eau. Tadlo savait qu'il ne pourrait empêcher son fils de partir.

Natak avait peur. Mais il avait beaucoup réfléchi en guettant le phoque au-dessus d'un trou de respiration dans le silence de la banquise. Tout était clair en lui.

Sa seule crainte, désormais, était de courir encore une fois derrière un mirage. Il voulait Maïna en chair et en os, avec les broderies sur sa peau, sa longue chevelure plus sombre que le ventre de Sedna, ses yeux aux couleurs de la toundra et son étrange tunique de phoque et de caribou. Il devait absolument la retrouver, la ramener, quel que soit le lieu où ils devraient se réfugier.

Ils feraient de leur vie ce que Maïna avait fait de sa tunique, un mariage de peuples, une audace nouvelle. Natak ne savait pas encore comment cela serait possible. Devraient-ils quitter sa tribu pour en fonder une autre? Natak se sentait prêt à tout, capable de tout. À condition que Maïna soit là, tout près, à ses côtés.

En quittant la tente de son père, Natak n'avait pas hésité entre la banquise et la toundra. Maïna retournerait à la rivière par où ils étaient venus. Il en était sûr.

Le loup n'avait pas bougé. Il semblait prêt à rester toujours là, planté à jamais dans ce désert blanc. Maïna hésita, encore un peu vacillante, mais séduite par l'horizon de promesses. Finalement, elle tourna les talons, revint sur ses pas. Lentement d'abord. Mais à mesure que l'incroyable réponse résonnait dans sa tête, elle accéléra le pas.

Natak!

Ce nom grondait, rugissait, éclatait au fond de sa gorge. Comme une chute, un torrent. Il contenait tous les désirs, toutes les certitudes. Il cachait des lacs, des rivières, des vallons, des collines, des falaises. Un pays.

Ensemble, ils construiraient un pays. Il y aurait des phoques, des caribous, des loups.

— Les loups seront toujours là, comme Natak, se répétait Maïna.

Il y aurait de l'eau aussi dans ce territoire nouveau. Des montagnes peut-être. Un vaste ciel. Des arbres? Ils ne marcheraient sans doute pas jusqu'à la taïga. Il faudrait donc continuer à affronter les interminables hivers sans le couvert des arbres. Mais Maïna savait qu'elle portait une forêt en elle. Des bouleaux, des mélèzes, des sapins, des épinettes noires. Tous ces arbres qui chantaient en elle, qui dansaient en elle, qui plongeaient leurs racines dans son ventre, ne disparaîtraient jamais.

Elle s'arrêta soudain, étourdie, haletante, frappée par une intuition magique. Pendant qu'elle rêvait à cette terre promise, prête à tout pour convaincre Natak de la suivre, elle avait senti un puissant courant d'énergie irriguer tout son être. Il semblait sourdre d'un espace mystérieux au creux de ses entrailles.

Elle inspira profondément. S'ébroua comme une bête. L'impression fabuleuse ne s'était pas dissipée.

Était-ce possible? Pouvait-elle déjà porter cette chose? Elle entendit l'écho des paroles d'Aputik.

— Elle est trop maigre pour accoucher d'un pou, avait-elle répété si souvent.

Maïna fouilla dans ses souvenirs. Il y avait eu cette fois, bien avant la mort d'Iktu. Elle avait saigné plusieurs jours. Puis, plus rien. Elle en était sûre. Pourtant, la lune avait gonflé, rapetissé, disparu et gonflé encore.

Maïna souleva sa tunique comme si elle pouvait voir à travers la peau de son ventre. En relevant les yeux, elle l'aperçut.

Natak!

Elle tenait encore ses mains pressées sur cette chair qui paraissait remuer d'une vie nouvelle, lorsque Natak la souleva de terre en poussant de fantastiques cris de joie, comme s'il venait d'attraper une bête fabuleuse.

Il cria tant et tant que les loups au loin s'éveillèrent. Secouèrent leur pelage. Sortirent de leur trou creusé dans la neige. L'hiver acceptait enfin de partir, le printemps était revenu. Les loups hurlèrent à la lune pour saluer la saison nouvelle.

Transcontinental
IMPRESSION
IMPRIMERIE GAGNÉ

IMPRIMÉ AU CANADA